DAS KATZEN KOCHBUCH

Die besten Rezepte für Minka, Moritz & Co.

Elisabeth Meyer zu Stieghorst-Kastrup
unter Mitarbeit von
Dr. med. vet. Judith Fellinger und Marion Zerbst

Umschlagabbildung: zefa;
andere Fotos: Digital Vision S. 4, 13 (2), 38, 40, 43; JohnFoxx S. 4; MEV S. 8; Photo Alto S. 4, 10/11, 13 (2); Project Photos S. 13; Annette Timmermann S. 50/51; Werner Waldmann S. 4 (2), 7, 14, 15, 16, 17, 18 (2), 19 (2), 20/21, 22, 25, 26, 27, 28, 31, 32, 35, 37, 44/45, 46/47 (5), 56, 59, 60, 63, 69, 70, 75, 78, 83, 85, 86, 89, 92, 95, 99, 102, 107, 110, 117, 118, 121, 125

Die Deutsche Bibliothek – CIP-Einheitsaufnahme

Das Katzenkochbuch : die besten Rezepte für Minka, Moritz & Co. / Elisabeth Meyer zu Stieghorst-Kastrup. - Orig.-Ausg. - Köln : DuMont, 2001

(Monte von DuMont)

ISBN 3-7701-8603-6

Originalausgabe

© 2001 DuMont Buchverlag, Köln

Konzeption und Gesamtherstellung: MediText, Stuttgart
Redaktion und Design: Dr. Magda Antonic
DTP: Karolina Stuhec Meglic
Korrektur: Andrew Leslie
Fooddesign: René Schulte
Tiere: Filmtierschule Zimek
Druck: Druckerei Appl, Wemding

Printed in Germany

ISBN 3-7701-8603-6

Für Kater Rudi

INHALT

Liebenswertes Raubtier

Eigenwillige Tiere

Katzen sind neben Hunden die häufigsten Wegbegleiter des Menschen. Vor ungefähr 5000 Jahren haben sie sich den Ägyptern als Haustiere angeschlossen. Sicher gibt es wilde Katzen, die herumstreunen, die menschliche Behausungen nur zum Räubern aufsuchen, treulos ein Schälchen mit Futter akzeptieren, ansonsten aber keine Lust haben, mit dem Menschen zu leben. Doch eigentlich ist die Hauskatze ein sanftes Haustier, ein anschmiegsamer, liebevoller und Liebe fordernder Hausgenosse. Wer eine Katze besitzt, liebt diese Tiere; manche Menschen lieben sie sogar abgöttisch und sind regelrecht vernarrt in sie. Freilich ist diese Liebe meistens recht einseitig, denn Katzen lieben ihre Menschen keinesfalls so ausschließlich, wie es beispielsweise ein Hund tut. Katzen sind eigenwillige Tiere, Persönlichkeiten, die ihre Wünsche deutlich zu artikulieren wissen.

Katzen mit menschlichen Zügen

Manch einer möchte seiner Katze beinahe menschliche Züge zusprechen und behält da sicher auch recht, wenn er unter anderem damit den gesunden Egoismus der Katzen meint. Wenn ein Kater seiner Angebeteten ein Ständchen singt, hört sich das an, als ob ein Baby weint. Die Katze verfügt über ein beachtliches Talent, ihre Stimmungen und Wünsche auch akustisch zu vermitteln. Das reicht vom zufriedenen Schnurren, wenn sich das Tier wohl fühlt, über klagende Laute bis hin zu einem herrischen Miauen, wenn deutlich Protest angemeldet werden soll.

Noch differenzierter ist die Körpersprache der Katze. Nicht umsonst gilt der Katzenbuckel mit den gesträubten Haaren als bekanntes Zeichen für höchsten Unmut eines Tieres. Wer seine Katze lange kennt und genau zu beobachten pflegt, wird aus dem Zusammenspiel von Gesichtsausdruck, Körperhaltung und Stellung von Schwanz und Ohren recht genau verstehen, was der vierbeinige Hausgenosse will und was er gerade empfindet.

Katzen sind, auch wenn sie sich nur im Haus tummeln und noch nie einer lebendigen Maus begegnet sind, von Natur aus Beutejäger. Den Jagdinstinkt kann man ihnen niemals austreiben. Irgendein kleines Objekt, das die Aufmerksamkeit des Tieres erregt, wird rasch zur Ersatzbeute und dann verhält die Katze sich instinktiv so, als jage sie eine Maus.

Ein geborener Jäger

Zwei Seelen scheinen in einer Brust zu wohnen. Betrachtet man ein niedliches kleines Kätzchen, das schnurrend und verspielt auf dem Schoß seines Frauchens sitzt und sich rekelt, passt das andere Bild gar nicht so gut dazu: nämlich wie dieses gleiche niedliche Tierchen sich plötzlich lautlos anschleicht, um den Käfig mit dem Wellensittich zu attackieren. Oder eine andere Szene: Ein noch ganz junges Kätzchen verteidigt mit bösem Knurren seinen Futternapf. Man sollte nur an die stattlicheren Verwandten unserer Hauskatze denken, die Raubkatzen der Wildnis, den Jaguar, Tiger oder Löwen, dann wird einem klar, dass eine solche gefährliche Katze auch in unserem freundlichen Haustier schlummert.

Einen Hund als Kostgänger zu haben, ist in der Regel unproblematisch, denn Hunde fressen fast alles – besonders gerne das, was der Mensch gerade auf dem Teller hat. Sicher können auch Hunde wählerisch sein und bestimmte Speisen verschmähen. Solche Gourmets wie Katzen sind sie aber nicht. Die Katze hat ihre eigenen Vorstellungen, was ihr schmeckt, und lässt sich nur schwerlich zu etwas anderem bewegen. Es ist gar nicht so selten, dass eine Katze, wenn sie partout nicht das Futter bekommt, das ihr schmeckt, schlichtweg in Hungerstreik tritt und den gefüllten Napf verachtungsvoll ignoriert. Das kann schon einmal einen ganzen Tag, auch einen zweiten oder dritten dauern, und meist gibt der Mensch dann nach, hat er doch Angst um sein Tier, das offenbar bereit ist, hungers zu sterben. So weit würde eine Katze freilich kaum gehen. Zwar gelten die eigenwilligen, possierlichen kleinen Stubentiger als Hungerkünstler; ist der Hunger dann aber

doch zu groß, würde eine Katze notgedrungen auch das zuvor verhasste Fressen akzeptieren.

Fressgewohnheiten

Keine Katze wird sich wie wild auf ihren Napf stürzen und das Fressen in kurzer Zeit hinunterschlingen, wie man das vom Hund gewöhnt ist. In der Regel nähert sich das Tier dem Fressnapf sehr bedächtig und inspiziert zuerst einmal ausgiebig den Geruch. Fällt diese Prüfung negativ aus, wendet sich die Katze rasch ab, beobachtet vielleicht weiter den Napf oder mustert den Menschen, der diese Szene beobachtet, doch gefressen wird nicht.

Offenbar ist es für die Katze wichtig, dass die Speise ihren individuellen Geruchsvorstellungen entspricht. Erstaunlich für einen Fleischfresser ist, dass viele Katzen sich ungern an rohes Fleisch wagen. Meist ziehen sie gegarte Fleischspeisen vor. Auch zu trocken soll das Futter nicht sein. Wenn es saftig ist, wird es meistens lieber angenommen. Katzen fressen selten alles. Deshalb eignen sie sich auch schlecht für die Resteverwertung, während Hunde meist überhaupt nichts dagegen haben, die Überbleibsel von den ersehnten Speisen auf Herrchens Tisch zu verzehren.

Fressen Katzen mit den Augen?

Eigentlich, so denkt der katzenunerfahrene Tierfreund, müsste es ja reichen, einer Katze ihr Leibgericht mit allen notwendigen Nährstoffen vorzusetzen, denn Tieren geht es nicht wie dem Menschen, der schon mit dem Auge isst und dem eine ästhetische Präsentation der Speisen erst so richtig Appetit macht. Das kann doch nicht auch für die Katze gelten!

Sicher haben Katzen keine ästhetischen Ansprüche an die Dekoration ihres Futters, doch sie können sich selten damit anfreunden, einfach nur etwas zu fressen im Napf vorzufinden. Einer hungrigen Wildkatze mag es genügen, wenn der Napf gefüllt ist, doch der verwöhnte Stubentiger hat da oft doch gewisse Ansprüche, die ihn sehr menschlich erscheinen lassen.

Zwar ist Katzen der Begriff der Hygiene unbekannt; trotzdem sind es äußerst reinliche Tiere. Nicht umsonst sitzen sie stundenlang da und lecken sich Pfoten und Fell. Entsprechend eigen sind sie auch, wenn es um ihr Futter geht. Nur frisches Fressen wird akzeptiert. Reste, die schon stundenlang im Napf liegen, werden später kaum noch angerührt.

Manche Katze mag auch nur ungern fressen, wenn der Napf zu nahe bei der Katzentoilette steht. Uns Menschen geht es schließlich nicht anders: Auch wir setzen uns im Restaurant nur ungern direkt neben die Toilettentür. Also sollten wir für diesen Wunsch unserer Katze Verständnis haben und ihr einen Essplatz anbieten, der ihr gefällt.

Spielen und Fressen

Die Nahrungsaufnahme ist zwar eine ernste Angelegenheit – in freier Natur geht es dabei schließlich um Leben und Tod –, doch Katzen können ihre spielerische Natur nur schlecht verleugnen. Das gilt auch für ihre Fressgewohnheiten. Beim Spielen kommt oft erst der Appetit!

Draußen kann man beobachten, wie eine Katze mit der gefangenen Maus erst einmal eine Zeit lang herumspielt, bevor sie überhaupt daran denkt, die Beute aufzufressen. Ebenso machen sich viele Tiere nicht sofort über ihren Fressnapf her, sondern angeln sich zuerst kleine Bröckchen aus dem Napf, werfen sie geschickt hoch und fangen sie wieder auf. Erst nach einer Weile wird das Futter dann tatsächlich verzehrt. Daher ist es verständlich, dass Katzen ihre Nahrung in Form von appetitanregenden kleinen Häppchen und Bällchen vorziehen und einer eher breiigen Masse nur wenig Reiz abgewinnen können. Und wenn ihnen schon eine Suppe oder Ähnliches vorgesetzt wird, sollten sich zumindest interessant aussehende und delikat schmeckende Häppchen darin befinden!

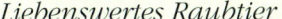

Katzen sind keine Tiger. Ein riesiger Futterberg ist für sie weder gesund noch appetitanregend. Das Nahrungsangebot muss überschaubar sein – zu viel ist gleich in mehrfacher Hinsicht von Übel. Die meisten Katzen wissen, wann sie genug haben, und überfressen sich nur selten, während das bei einem Hund schon öfter vorkommen kann. Offenbar vergeht Katzen der Appetit, wenn der Napf zu voll gehäuft ist.

Dekorative Speisen wecken den Katzenappetit

Gegen ein fantasievolles Arrangement der Speisen ist nichts einzuwenden, denn davon haben beide etwas – der Mensch und seine Katze. Wenn man es vordergründig betrachtet, mag es zwar überflüssig sein, eine Katzenspeise hübsch zu arrangieren, zu dekorieren. Warum aber nicht? Dem Katzenfan bereitet es Vergnügen, das Futter einmal nett anzurichten, statt einfach nur den Inhalt einer Dose in den Napf zu türmen. Man mag das Tier ja, es bereitet einem so viel Vergnügen – warum sollte man ihm dann das Futter nicht auch so präsentieren, wie es einem selbst gefällt? So kann

man die Katzenmahlzeit für sich selbst zu einem kleinen Ereignis gestalten. Außerdem wird das Tier auf die attraktive Präsentation des Futters mit Sicherheit positiv reagieren. Wenn die Fleischstückchen, die Karottenwürfel und das Katzengras ordentlich auf dem Teller arrangiert sind, statt zu einem willkürlichen Brei vermengt zu sein, spricht das auch das Katzenherz an.

Man kann so gesondert die einzelnen Delikatessen ausgiebig beschnuppern – das Fleisch, das Gemüse, das Gras. Für einen Geruchsfetischisten wie die Katze ist das zweifellos ein wichtiges und schönes Erlebnis, und es steigert die Vorfreude auf das Essen.

Sie werden beobachten, dass das Tier seinen Napf deutlich länger beschnuppert als sonst und sich erst dann ans Fressen macht. Mit den einzelnen Speiseteilen kann die Katze natürlich auch viel besser spielen als mit einem undefinierbaren Einheitsbrei! Das ist der Grund, warum es durchaus Sinn ergibt, der geliebten Katze auch von der Dekoration her einmal etwas Neues, Besonderes zu bieten.

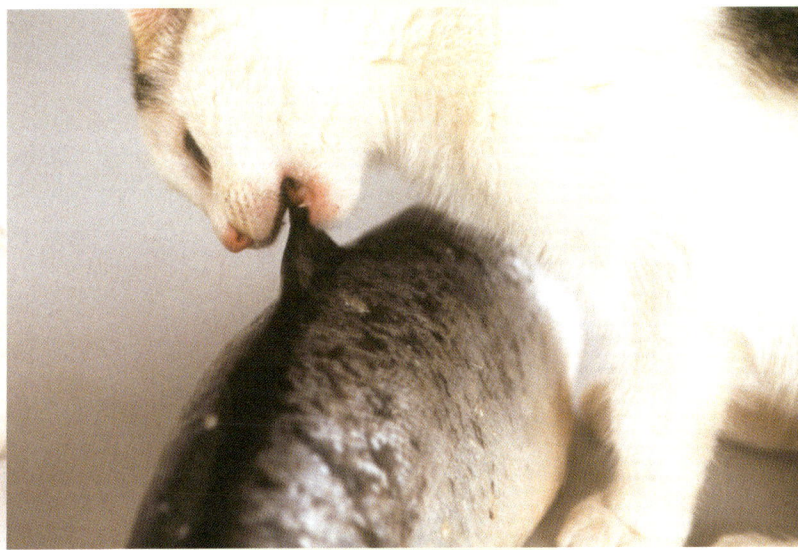

Einmaleins der Katzenernährung

Katzen sind keine Vegetarier!

Die richtige Ernährung von Katzen erfordert einiges Wissen; denn Katzen stellen sehr spezielle Anforderungen an ihre Kost und Ernährungsfehler können leicht zu Mangelerscheinungen und anderen gesundheitlichen Problemen führen.

Für ein Verständnis der Ernährungsbedürfnisse Ihres flauschigen, grünäugigen Lieblings ist es vor allem wichtig zu wissen, dass Katzen von Natur aus Fleischfresser sind. Ihre Nahrung darf – und soll – zwar auch pflanzliche Bestandteile enthalten, aber Fleisch ist für sie absolut lebensnotwendig. So mancher Vegetarier, der sich aus Überzeugung – oder vielleicht auch nur, weil es ihm besser schmeckt – fleischlos ernährt, möchte diese Kost auch seinem Tier zugute kommen lassen. Damit kann man einer Katze jedoch nur schaden. Gewiss gibt es Sojawürstchen und andere vegetarische Fleischersatzprodukte, die Fleisch und Wurst im Geschmack so täuschend ähnlich sind und auch so lecker duften, dass sie von der Katze gern angenommen werden. Doch bei einer rein pflanzlichen Nahrung würde sie schon nach kurzer Zeit krank werden; denn sie braucht Nährstoffe, die nur in Fleisch enthalten sind.

Genau wie beim Menschen besteht eine ausgewogene Ernährung auch für Katzen aus den Nahrungsbestandteilen Eiweiß, Fett, Kohlenhydrate, Vitamine und Mineralstoffe. Katzen benötigen diese Bausteine jedoch in ganz anderer Zusammensetzung als Menschen – und auch als Hunde.

Eiweiß – ein lebenswichtiger Nahrungsbestandteil

Eiweiße (Proteine) sind nicht nur für den menschlichen, sondern auch für den tierischen Organismus lebenswichtige Bausteine. Fast alle Gewebe bestehen zu einem großen Teil aus Eiweißen. So setzen Haut, Haare, Nägel und Muskeln sich beispielsweise fast nur aus Protein zusammen. Eiweiß ist für den Aufbau einer kraft-

Katzen brauchen Fleisch. Rein pflanzliche Nahrung würde bei ihnen schon nach kurzer Zeit zu schweren Gesundheitsschäden führen.

vollen Muskulatur unerlässlich. Darüber hinaus liefert es wertvolle Kalorien.

Jedes Eiweiß besteht aus langen Ketten von Einzelbausteinen, den so genannten Aminosäuren. Durch die Art und unterschiedliche Anordnung dieser Aminosäuren entstehen jeweils verschiedene Arten von Eiweißen. Manche Aminosäuren kann der Organismus selbst herstellen, andere (die so genannten essenziellen oder un- entbehrlichen Aminosäuren) kann er nicht selbst produzieren; sie müssen ihm deshalb unbedingt mit der Nahrung zugeführt wer- den, sonst drohen Mangelerscheinungen und -krankheiten.

Katzen brauchen eine besonders eiweißreiche Ernährung. Ihr Eiweißbedarf ist höher als bei vielen anderen Säugetieren wie bei- spielsweise Hunden. Vor allem tierisches Eiweiß ist für die Katze wichtig, denn dieses enthält Aminosäuren, die ihr Organismus nicht selbst bilden kann. Anders als beim Menschen gehören Tau- rin und Arginin für die Katze zu den unentbehrlichen Aminosäu- ren, die sie in großen Mengen mit der Nahrung aufnehmen muss. Beide Aminosäuren sind nur in tierischen Geweben enthalten. Arginin unterstützt die Leber bei ihrer Entgiftungstätigkeit; Taurin ist für die Lichtrezeptoren in der Netzhaut (die Zapfen und Stäb- chen) von großer Bedeutung. Daher führt schon eine fünfwöchige taurinarme oder gar völlig taurinfreie Ernährung zu bleibenden Netzhautschäden; bei noch länger anhaltendem Taurinmangel kann es sogar zur Erblindung kommen. Die häufigsten Ursachen für einen Taurinmangel bei Katzen ist die Verabreichung von rein pflanzlicher Nahrung oder von Hundefutter, das für Katzen nicht nur viel zu eiweißarm ist, sondern auch zu wenig Taurin enthält.

Eiweißreiche Kost ist für Katzen das A und O.

Ohne Fett geht es nicht

Auch Fett ist für Katzen ein wichtiger Nahrungsbestandteil. Aber auch hier gilt: Es muss tierisches Fett sein! Denn so wie Eiweiße sich aus Aminosäuren zusammensetzen, bestehen Fette aus ver- schiedenen Fettsäuren. Eine dieser Fettsäuren ist für Ihre Katze

Der Stoffwechsel der Katze unterscheidet sich in einigen wesentlichen Merkmalen von dem des Hundes. Daher ist Hundefutter für Katzen nicht geeignet.

besonders wichtig: die Arachidonsäure. Im Gegensatz zum Organismus des Hundes kann der der Katze diese Fettsäure nicht selbst herstellen. Bei einem Mangel kann es zu Blutgerinnungs- und Fortpflanzungsstörungen kommen. Arachidonsäure ist nur in tierischer Nahrung enthalten. Bei langfristiger Fütterung mit rein pflanzlicher Nahrung kann bei Katzen daher leicht ein Arachidonsäuremangel auftreten.

Kohlenhydrate – wichtig für die Verdauung

Kohlenhydrate (beispielsweise Zucker und Stärke) sind hauptsächlich in pflanzlicher Nahrung enthalten. In freier Natur lebende Katzen nehmen zwar viel Eiweiß und auch Fett, aber nur wenig Kohlenhydrate zu sich, da sie nun einmal keine Pflanzenfresser sind. Wahrscheinlich könnten Katzen sogar völlig ohne Kohlenhydrate auskommen – lebensnotwendig ist dieser Grundnährstoff für sie nicht, ganz im Gegensatz zu uns Menschen, für die Kohlenhydrate einen wichtigen Energielieferanten darstellen. Zu den Kohlenhydraten gehören allerdings auch die Ballaststoffe – eine Gruppe weitgehend unverdaulicher pflanzlicher Faserstoffe, die aber dennoch wichtig sind, weil sie das Stuhlvolumen vergrößern und auf diese Weise die Darmtätigkeit anregen. Für Menschen ist eine ballaststoffreiche Ernährung, verbunden mit ausreichender Flüssigkeitszufuhr, die beste Vorbeugung gegen Darmträgheit. Das gilt auch für Katzen – vor allem wenn sie sich wenig bewegen. Deshalb sollte Katzenfutter immer einen gewissen Anteil an ballaststoffreichen pflanzlichen Nahrungsmitteln haben.

Vitamine: Zu viel kann schädlich sein

An fast allen wichtigen Stoffwechselprozessen sind Vitamine beteiligt. Außerdem spielen einige Vitamine – beispielsweise C und E – eine wichtige Rolle für das Immunsystem. Man teilt diese lebenswichtigen Vitalstoffe in wasserlösliche und fettlösliche Vitamine ein. Während die fettlöslichen Vitamine (A, D, E und K) im Körper gespeichert werden und man sie daher nicht unbedingt täglich zu sich nehmen muss, um seinen Bedarf daran zu decken, sollten die wasserlöslichen Vitamine (das sind sämtliche B-Vitamine und Vitamin C) regelmäßig aufgenommen werden.

Ein Überschuss an wasserlöslichen Vitaminen ist kein Problem, da diese über den Urin wieder ausgeschieden werden. Bei manchen der im Körper gespeicherten fettlöslichen Vitamine hingegen kann eine Überdosierung gesundheitsschädlich sein, ja sogar zu Vergiftungen führen. Das gilt zum Beispiel für Vitamin A: Dieses Vitamin ist in Leber in sehr großen Mengen enthalten. Deshalb sollte man Katzen nicht zu viel Leber verfüttern, denn sonst kommt es zu einem Vitamin-A-Überschuss, der zu übermäßigem Knochenwachstum und einer Verknöcherung der Wirbelsäule führt. Verkrüppelung und Lahmheit sind die Folge.

Im Gegensatz zum Menschen können Katzen Vitamin C selbst herstellen. Ihre Nahrung braucht daher keine so großen Mengen dieses Vitamins zu enthalten.

Fertignahrung ist in der Regel mit allen Vitaminen angereichert, die für die Gesundheit Ihrer Katze wichtig sind. Ohne Absprache mit dem Tierarzt sollten Sie dem Tier daher keine Vitaminpräparate verabreichen – schon gar keine hochdosierten und auch keine, die fettlösliche Vitamine enthalten. Zu viele Vitamine können Ihrem Tier mehr schaden, als sie nützen!

Mineralstoffe

Mineralstoffe wie Kalium, Kalzium, Natrium, Magnesium, Eisen, Zink und Selen sind für Katzen ebenso wichtig wie für uns Menschen. Vor allem Kalzium ist für starke Zähne und stabile Knochen unerlässlich. Für Mineralstoffe gilt das Gleiche wie für Vitamine: In guter, ausgewogener Fertignahrung sind sie in ausreichender Menge und optimaler Zusammensetzung enthalten, sodass Sie Ihrer Katze, wenn Sie sie regelmäßig mit Fertigfutter verköstigen, keine zusätzlichen Mineralstoffpräparate verabreichen müssen.

Manche Tiere – beispielsweise Katzen – können Vitamin C selbst produzieren. Beim Menschen ist dies nicht der Fall. Für ihn ist eine ausreichende Vitamin-C-Zufuhr mit der Nahrung lebensnotwendig.

Katzenköche brauchen viel Geduld

Auch alle notwendigen Eiweiße, Aminosäuren und Fettsäuren sind in kommerziell hergestelltem Fertigfutter genau in der Menge enthalten, in der Ihre Katze sie braucht. Wer seine Katze regelmäßig damit füttert, braucht also vor Mangelerscheinungen keine Angst zu haben. Da viele Katzen jedoch Abwechslung lieben und gern auch einmal einen ganz besonderen Leckerbissen genießen möchten, spricht nichts dagegen, Ihre Katze hin und wieder mit selbst gekochten Köstlichkeiten zu verwöhnen.

Wer seine Katze jedoch ausschließlich mit selbst zubereitetem Futter ernährt, muss sehr genau über die Bedürfnisse seines Lieblings Bescheid wissen und einige wichtige Grundregeln beachten. Es genügt nicht, einer Katze einfach nur leckere Fleisch- oder Fischmahlzeiten zu servieren; das würde mit der Zeit zu gefährlichen Mangelerscheinungen führen. Vergessen Sie nicht: In der Natur frisst die Katze ihr gesamtes Beutetier – also nicht nur das Fleisch, sondern auch Federn oder Fell, Knochen und Knorpel, sämtliche inneren Organe und natürlich auch den Magen- und Darminhalt. Knochenteile und Knorpel versorgen das Tier mit lebenswichtigem Kalzium. In den Därmen und Mägen von Pflanzenfressern (beispielsweise Mäusen oder Vögeln) finden die Katzen vorverdaute pflanzliche Nahrung, die ihnen Vitamine und Ballaststoffe liefert. Auf diese Weise erhalten wild lebende Katzen eine ausgewogene Nahrung. Eine solche Kost selbst in der eigenen Küche zusammenzustellen, erfordert viel Liebe und Sorgfalt.

Wenn Sie Ihrer Katze einmal pro Woche ein rohes Ei unter das Futter rühren, bekommt sie ein schön glänzendes Fell.

Als Grundregel gilt: Das selbst zubereitete Futter muss zu zwei Dritteln aus tierischer Nahrung – Fleisch, Fisch oder Eiern – bestehen. Das restliche Drittel sollte pflanzlicher Herkunft sein. Auf diese Weise liefern Sie Ihrer Katze die Ballaststoffe, die sie für eine geregelte Verdauung braucht. Am besten eignen sich Reis, Mais, Maisgrieß, Kartoffelbrei, Haferflocken und verschiedene Gemüse wie beispielsweise Mohrrüben oder Brokkoli. Auch Vollkornnudeln sind bei manchen Katzen als Beilage beliebt. Sie sind besonders reich an wertvollen Mineral- und Ballaststoffen. Die pflanzliche Beikost sollte stets gekocht werden, denn die in ihnen enthaltene Stärke können Katzen in rohem Zustand nicht verwerten.

Fisch ist gesund – auch für Katzen

Wegen seines hohen Eiweißgehalts ist Fisch ein sehr wertvolles Nahrungsmittel für Ihre Katze. Zwar bevorzugen die meisten Katzen Fleisch; aber zur Abwechslung kann ruhig auch einmal Fisch auf dem Speisezettel stehen. Allerdings sollte er immer gekocht werden! Roher Fisch enthält nämlich ein Enzym namens Thiaminase, die das Vitamin B_1 (Thiamin) im Körper der Katze aufspaltet und somit zerstört. Wichtig ist es auch, alle Gräten sorgfältig zu entfernen – Ihre Katze kann daran ersticken, wenn sie ihr im Hals stecken bleiben! Die Fischhaut darf dagegen ruhig verfüttert werden. Fisch in Dosen (beispielsweise Thunfisch, Makrele oder Sardinen) ist für Katzen ein besonderer Leckerbissen.

Fleisch und Innereien

Rind- oder Lammfleisch können Sie Ihrer Katze ab und zu roh servieren, gekocht ist es jedoch immer besser. Geflügel und Schweinefleisch sollten immer gekocht werden. Wichtig ist es, die Knochen vorher zu entfernen, da sie (insbesondere Geflügelknochen!) splittern und das Tier verletzen können. Einzige Ausnahme: große, nicht splitternde Knochen, an denen vielleicht sogar noch etwas Fleisch hängt. Wenn Katzen darauf herumkauen, hält das ihre Zähne und ihr Zahnfleisch gesund. Knorpel und Knochenstücke sind für Katzen gefährlich, da sie zu Verdauungsstörungen und einem mechanischen Darmverschluß führen können. Stattdessen können Sie Ihrer Katze natürlich auch Trockenfleisch oder knusprige Knabberbiskuits geben.

Grundregel für die Zusammensetzung eines schmackhaften und gesunden Katzenmenüs: zwei Drittel Fleisch oder Fisch, ein Drittel pflanzliche Kost.

Fisch und pflanzliche Beilagen wie Kartoffeln oder Gemüse müssen immer gekocht werden. Roh verträgt die Katze sie nicht.

An den Innereien scheiden sich die Katzengeister: Manche Katzen lieben sie, andere sind nicht so sehr dafür zu haben. Leber ist bei den meisten Katzen sehr beliebt. Mehr als 100 bis 200 Gramm pro Woche sollten es aber nicht sein (und auch das nur bei erwachsenen Tieren), da sonst eine gesundheitsschädliche Überversorgung mit Vitamin A droht. Außerdem ist Leber – ebenso wie Niere – ein Entgiftungsorgan, das mit Schadstoffen belastet sein kann. Junge Kätzchen unter einem Jahr sollten überhaupt keine Leber erhalten.

Rohes Schweinefleisch ist ebenfalls problematisch; es kann das für Katzen lebensgefährliche Aujeszky-Virus enthalten. Schweine sind die Hauptwirte dieses Virus. Die Erkrankung führt zu Hautjucken und Lähmungen und endet meist tödlich. Auch rohes, gemischtes Hackfleisch, Schweineleber und Schweinenieren (roh ebenso wie gekocht) sind aus diesem Grund für Katzen tabu.

Um einem Vitamin- und Mineralstoffmangel vorzubeugen, sollten Sie selbst zubereitetes Futter mit einem Multivitamin- und Mineralstoffpräparat anreichern. Besonders wichtig ist es, dass Ihre Katze genügend Kalzium erhält! Bei Fütterung mit knochenfreiem Fleisch und Fisch ist ein Kalziummangel, der zur Entmineralisierung der Knochen führt, geradezu vorprogrammiert. Bei kleinen Kätzchen sind regelmäßige Kalziumgaben für den Knochenaufbau besonders wichtig.

Auch ein Vitamin-A-Mangel kann bei Verabreichung von selbst hergestelltem Futter auftreten, wenn die Katze keine Leber und auch keinen Lebertran erhält – denn im Gegensatz zu Menschen können Katzen das in Mohrrüben und anderem rotem und grünem Obst und Gemüse enthaltene Betakarotin (die Vorstufe des Vitamins A) nicht in Vitamin A umwandeln. Ein Vitamin-A-Mangel ist genauso gefährlich wie ein Überschuss an diesem Vitamin, denn er kann zu Wachstumshemmung und abnormer Knochenentwicklung führen. Daher ist im Handel erhältliches Fertigfutter fast immer mit Kalzium und Vitamin A angereichert.

Auch ein Mangel an Thiamin (Vitamin B$_1$) kommt bei Katzen gelegentlich vor, wenn sie von ihren Besitzern selbst „bekocht" werden. Dazu kann es zum Beispiel kommen, wenn man der Katze ungekochten Fisch verfüttert; außerdem ist das Vitamin besonders hitzeempfindlich – das heißt, beim Erhitzen der Katzennahrung geht Thiamin verloren. (Fertigfutter-Hersteller gleichen solche bei der Herstellung entstehenden Verluste aus, indem sie dem Futter Thiamin zusetzen.) Bei zu einseitiger Kost droht außerdem Vitamin-E-Mangel. Da Sie all diese möglichen Mangelversorgungen selbst bei der allergrößten Sorgfalt nicht vermeiden können und eventuell auftretende Mangelerscheinungen auch nicht unbedingt immer rechtzeitig erkennen, ist eine zusätzliche Versorgung mit diesen Nährstoffen für Ihr Tier lebenswichtig.

Genau auf den Bedarf der Katze abgestimmte Multivitamin- und Mineralstoffpräparate sind in der Tierhandlung erhältlich; Dosierungsanleitungen können Sie der Packungsbeilage entnehmen. Außerdem empfiehlt es sich, Ihren Tierarzt um Rat zu fragen, der Ihnen geeignete Präparate empfehlen und außerdem wertvolle Ernährungstipps geben kann.

Süßigkeiten? Nein danke!

Die Geschmacksnerven von Katzen reagieren nicht auf den Süßgeschmack. (Bei Hunden ist das anders – sie sind durchaus in der Lage, die Geschmacksrichtung „Süß" zu erkennen und auch zu genießen, weil sie keine so ausgeprägten Fleischfresser sind wie Katzen.) Man tut einer Katze daher keinen Gefallen, wenn man ihr einen Keks oder ein Stück Schokolade anbietet. Meist hat sie gar kein Interesse an solchen Leckerbissen und sie würden ihr auch mehr schaden als nützen, denn sie sind sehr kalorienreich und nehmen der Katze daher den Appetit auf ihr normales Futter – ohne ihr jedoch die erforderlichen Nährstoffe zu liefern. Wenn die Katze also mit bettelndem Blick neben dem Kaffeetisch sitzt und sehnsüchtig auf ein Stückchen Kuchen oder einen Löffel Sahne schielt – bleiben Sie hart!

Wer das Futter für seine Katze selbst zubereitet, muss ihr zusätzlich Vitamin- und Mineralstoffpräparate verabreichen.

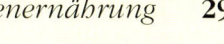

Besser geeignet sind da schon spezielle Katzen-Leckerbissen (zum Beispiel Kräcker oder Kaustangen), die es im Fachhandel zu kaufen gibt. Doch auch hier gilt: Allzu viel ist ungesund. Die kleinen Snacks zwischendurch sollten eine Ausnahme bleiben und dürfen nicht dazu führen, dass die Katze ihr eigentliches Futter stehen lässt.

Scharfe Gewürze entsprechen ebenfalls nicht dem Katzengeschmack. Das Katzenfutter, das Sie für Ihren Liebling zubereiten, sollte daher lediglich leicht gesalzen sein. Aus dem gleichen Grund sollte man der Katze auch keine Essensreste vom Mittagstisch geben. Unsere Speisen sind in der Regel für Katzen nicht nur zu stark gewürzt, sondern auch zu fett und zu nährstoffarm.

Warum Katzen Gras fressen

Genau wie bei Hunden kann man auch bei Katzen häufig beobachten, dass sie Gras fressen. Manchmal erbrechen sie anschließend. Der Grund dafür: Katzen putzen sich sehr häufig und ausgiebig und schlucken dabei viele Haare, die dann in ihrem Magen verklumpen. Die pflanzlichen Ballaststoffe helfen ihnen, sich von diesem Ballast zu befreien, indem sie die verfilzten „Haarwürste" einfach erbrechen.

Katzen brauchen Gras! In der Tierhandlung sind Saatmischungen und Kästen mit bereits vorgezogenem Katzengras erhältlich.

Falls Ihre Katze nicht häufig ins Freie kommt und daher keine Gelegenheit hat, Gras zu fressen, können Sie Katzengras kaufen, das im Zoofachgeschäft in Kästchen angesät erhältlich ist. (Natürlich können Sie auch Gras- oder Getreidesaatmischungen kaufen und das Gras dann selbst in Töpfen aussäen.) Lassen Sie auf keinen Fall zu, dass Ihre Katze Zimmerpflanzen anknabbert – denn manche Pflanzen sind giftig!

Wie viel sollte eine Katze fressen?

Für die Katze gilt genau wie für den Menschen: Die Kalorienzufuhr sollte dem Kalorienbedarf entsprechen. Nimmt eine Katze mehr Kalorien zu sich, als sie verbraucht, wird sie mit der Zeit zwangsläufig zu dick – genau wie die meisten Menschen. (Ernährungswissenschaftler sprechen in diesem Zusammenhang von „positiver Energiebilanz".) Achten Sie also darauf, dass die Energiebilanz bei Ihrer Katze stimmt, und kontrollieren Sie ihr Gewicht! Das können Sie am besten tun, indem Sie sie regelmäßig wiegen. Bei einer auffallenden Gewichtszunahme sollten Sie ebenso den Tierarzt um Rat fragen wie bei einem plötzlichen Gewichtsverlust – denn beides könnte auch auf eine Krankheit hindeuten.

Ein weiteres wichtiges Kriterium, an dem Sie ablesen können, ob Ihre Katze weder zu wohlgenährt noch zu mager ist, sind die Rippen. Man sollte sie fühlen, aber nicht sehen können! (Das gilt für alle Katzen bis auf sehr schlanke Rassen wie beispielsweise Siamkatzen.)

Wie viel Futter Ihre Katze braucht, diese Frage lässt sich nicht eindeutig beantworten, denn der Kalorienbedarf ist individuell unterschiedlich und hängt von vielen verschiedenen Faktoren ab: der Größe, dem Alter, dem Familienleben (tragende und säugende Katzen haben einen erhöhten Kalorienbedarf, das Gleiche gilt für Deckkater mit

einem sehr regen Liebesleben) und natürlich der körperlichen Aktivität. Im Haus lebende Katzen mit wenig Bewegung brauchen naturgemäß weniger Kalorien als Katzen, die viel Auslauf im Freien haben oder es gewohnt sind, jede Nacht „auf Tour" zu gehen.

Auch hier erteilt im Zweifelsfall der Tierarzt Rat und Auskunft. Falls Sie Ihrer Katze Fertigfutter geben, können Sie sich nach den Angaben auf der Verpackung richten. Als grobe Faustregel gilt: Katzen mit durchschnittlicher Größe brauchen ungefähr 350 Kilokalorien pro Tag – das entspricht etwa 200 Gramm Dosenfutter oder 100 bis 150 Gramm frischem, durchwachsenem Fleisch. (Bei Geflügelfleisch können Sie ruhig etwas mehr veranschlagen, da dieses Fleisch besonders kalorienarm ist.)

In freier Natur lebende Katzen nehmen mehrmals am Tag kleinere Mahlzeiten zu sich – sie verzehren immer das, was sie gerade gefangen haben (beispielsweise eine Maus oder einen Vogel) und gehen dann wieder auf Jagd. Man kann eine erwachsene Katze aber auch problemlos an zwei Fütterungszeiten pro Tag gewöhnen – einmal morgens und einmal nachmittags oder abends. Das ist für berufstätige Katzenbesitzer die einfachste Lösung. Die morgendliche Mahlzeit sollte leichter sein, die zweite kann etwas reichhaltiger ausfallen. Wichtig ist es, Ihre Katze an regelmäßige Fütterungszeiten zu gewöhnen.

Übergewicht – nicht nur bei Menschen ein Problem

Die meisten Katzen fressen nicht mehr, als sie wirklich brauchen. Es gibt aber auch einige Katzen, die sich überfressen – vor allem wenn sie von Herrchen oder Frauchen mit allzu vielen köstlichen Leckerbissen verwöhnt werden. Fehlt es ihnen zusätzlich auch noch an Bewegung, sind die überflüssigen Pfunde vorprogrammiert. Übergewicht bei einer Katze sollte man auf gar keinen Fall ignorieren, denn ähnlich wie beim Menschen ist ein zu hohes Gewicht gesundheitsschädlich: Es belastet die Gelenke und kann die

Entstehung von Diabetes und Herz-Kreislauf-Erkrankungen begünstigen. Deshalb ist regelmäßige Gewichtskontrolle so wichtig.

Sollte Ihre Katze zu viele Pfunde auf die Waage bringen, gehen Sie mit ihr zum Tierarzt. Er wird sie untersuchen, um mögliche Krankheiten als Ursache für das Übergewicht auszuschließen, und dann einen Diätplan für Ihr Tier aufstellen, an den Sie sich unbedingt halten sollten. Übergewichtige Katzen erhalten eine kalorienreduzierte Kost, durch die sie überflüssige Pfunde ganz langsam abbauen können: Die Nahrungsmenge pro Mahlzeit wird reduziert. Setzen Sie Ihr Tier nicht auf Nulldiät – das kann für Katzen gesundheitsschädlich, unter Umtsänden tödlich sein!

Während der Gewichtsreduktionsdiät sollte Ihre Katze keine Snacks mehr zwischendurch erhalten. Achten Sie auch darauf, dass niemand anders außer Ihnen (beispielsweise Nachbarn oder Kinder) das Tier füttert oder ihm heimlich Leckerbissen zusteckt. Vielleicht fällt die Umstellung auf weniger Nahrung Ihrer Katze leichter, wenn Sie ihr mehrmals am Tag kleinere Mahlzeiten anbieten – probieren Sie es aus. Zusätzlich können Sie die Gewichtsreduktion durch Bewegung unterstützen. Spielen Sie öfter einmal mit Ihrer Katze – das verbrennt Kalorien, und ganz nebenbei bleiben dadurch auch Sie selbst fit und schlank.

Was Katzen trinken

Regelmäßige Flüssigkeitsaufnahme ist für Katzen genauso wichtig wie für uns Menschen. Achten Sie daher darauf, dass Ihrer Katze stets ein Schälchen mit sauberem Wasser zur Verfügung steht – vor allem wenn sie Trockenfutter erhält, braucht sie viel Flüssigkeit. Fragen Sie den Tierarzt um Rat, falls Ihre Katze zu wenig trinkt oder plötzlich auffallend viel Flüssigkeit zu sich nimmt – denn beides könnte ein Zeichen für eine Erkrankung sein.

Dass Katzen Milch brauchen, ist ein hartnäckiges Vorurteil, das jeder ernährungswissenschaftlichen Grundlage entbehrt. Im Ge-

Für Berufstätige, die von morgens bis abends aus dem Haus sind, gibt es Futternäpfe mit Zeitschaltuhr. Sie bestehen aus einem Behälter mit zwei herausnehmbaren Näpfen. Die Zeitschaltuhr sorgt dafür, dass Ihr Liebling auch in Ihrer Abwesenheit pünktlich sein Futter erhält.

Ein kleiner Trick, falls Ihre Katze nicht trinken mag: Reichern Sie das Trinkwasser mit etwas Fleischfond an, dann schmeckt es verlockender.

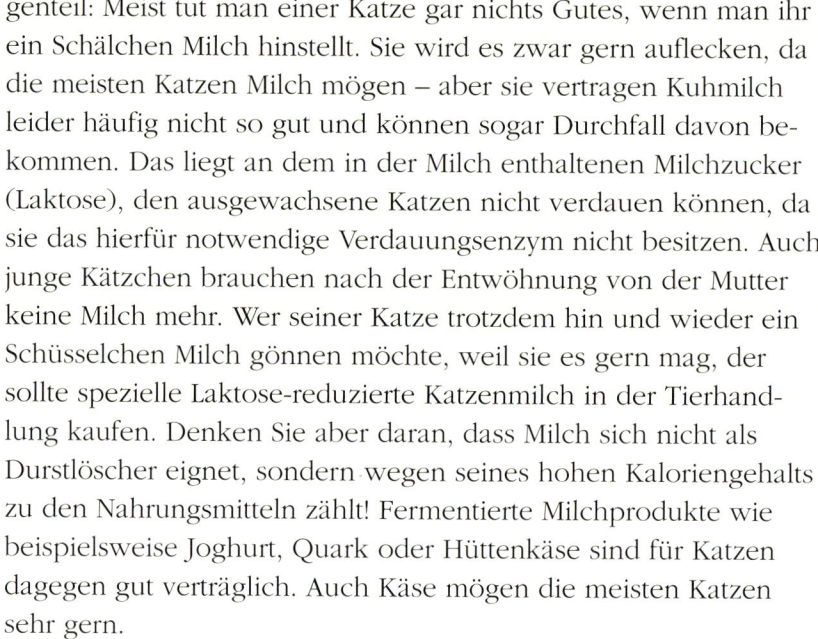

Kuhmilch ist nichts für Katzen! Kaufen Sie lieber spezielle Katzenmilch in der Tierhandlung.

genteil: Meist tut man einer Katze gar nichts Gutes, wenn man ihr ein Schälchen Milch hinstellt. Sie wird es zwar gern auflecken, da die meisten Katzen Milch mögen – aber sie vertragen Kuhmilch leider häufig nicht so gut und können sogar Durchfall davon bekommen. Das liegt an dem in der Milch enthaltenen Milchzucker (Laktose), den ausgewachsene Katzen nicht verdauen können, da sie das hierfür notwendige Verdauungsenzym nicht besitzen. Auch junge Kätzchen brauchen nach der Entwöhnung von der Mutter keine Milch mehr. Wer seiner Katze trotzdem hin und wieder ein Schüsselchen Milch gönnen möchte, weil sie es gern mag, der sollte spezielle Laktose-reduzierte Katzenmilch in der Tierhandlung kaufen. Denken Sie aber daran, dass Milch sich nicht als Durstlöscher eignet, sondern wegen seines hohen Kaloriengehalts zu den Nahrungsmitteln zählt! Fermentierte Milchprodukte wie beispielsweise Joghurt, Quark oder Hüttenkäse sind für Katzen dagegen gut verträglich. Auch Käse mögen die meisten Katzen sehr gern.

Wenn Katzen nicht fressen wollen

Während ein Hund (vorausgesetzt er ist gesund) sich normalerweise mit Feuereifer auf seinen Futternapf stürzt, können Katzen ziemlich schwierige Kostgänger sein. Eine Katze akzeptiert nicht alles, was man ihr vorsetzt; sie fastet lieber einmal eine Zeit lang, als etwas zu fressen, was sie nicht mag. Jedes Tier hat andere individuelle Vorlieben, die man berücksichtigen sollte. Manche Katzen lieben Abwechslung, andere möchten am liebsten jeden Tag das Gleiche fressen. Lassen Sie der Katze ihren Willen – wenn sie Fertigfutter bekommt, können Sie ihr ruhig jeden Tag ein Döschen mit dem gleichen Inhalt vorsetzen, falls sie darauf besteht. Die Nährstoffe, die sie zum Leben braucht, sind in jedem Fertigfutter enthalten – egal ob es Wild, Lammfleisch oder Thunfisch enthält.

Es gibt aber auch ein paar Ernährungsgewohnheiten, die alle Katzen gemeinsam haben und die es zu beachten gilt – vor allem dann, wenn Ihre Katze ein „schlechter Esser" ist:

Katzen mögen kein kaltes Futter! Nahrung mit Zimmertemperatur ist ihnen am liebsten – schließlich kommen auch die Mäuse, die eine Katze in freier Natur fängt, nicht aus dem Kühlschrank, sondern haben Körpertemperatur, die die Katze bei der Nahrungsaufnahme als sehr angenehm empfindet. Wenn Sie das Fertigfutter für Ihre Katze also im Kühlschrank aufbewahren sollten, dann nehmen Sie es rechtzeitig vorher heraus, bevor Sie es ihr anbieten. Sollte sie es trotzdem immer noch verschmähen, erhitzen Sie es auf etwa 35 °C. (Wärmer als maximal 40 °C sollte Katzenfutter nicht sein.) Bei dieser Temperatur entstehen Geruchsstoffe, die vermutlich den Appetit der Katze anregen.

Sie können das Futter natürlich auch im Mikrowellenherd erwärmen; aber dann sollten Sie es gut durchrühren, bevor Sie es dem Tier geben, damit es nicht an einigen Stellen zu kalt und an anderen vielleicht zu heiß ist.

Katzen sind sehr reinliche Tiere. Altes, abgestandenes Futter, das schon ein paar Stunden im Futternapf liegt, mögen sie nicht – schon der Geruch ekelt sie und es würde ihnen auch nicht gut tun, denn es kann verdorben oder von Krankheitserregern infiziert sein. Bieten Sie Ihrer Katze daher lieber keine zu großen Portionen auf einmal an, werfen Sie Futterreste spätestens nach einer halben Stunde fort und reinigen Sie Futter- und Wassernapf Ihres geliebten Vierbeiners regelmäßig. Das ist vor allem in der heißen Jahreszeit und bei Nassfutter wichtig!

Viele Katzen bevorzugen Nahrung mit einem hohen Feuchtigkeitsgehalt. Also probieren Sie es einmal mit Feuchtfutter, wenn die Katze das Trockenfutter, das Sie ihr anbieten, nicht mag. Sie können das Futter auch zusätzlich noch mit Wasser oder Fleischsaft anreichern.

Katzen sind Individualisten und lassen sich beim Essen nicht gern beobachten. Also stellen Sie den Futternapf an einen Platz, wo die Katze in aller Ruhe fressen kann und nicht dauernd irgendjemand

Der Futternapf sollte nach jeder Mahlzeit mit heißem Wasser, aber ohne Spülmittel ausgewaschen werden.

an ihr vorbeigeht. Der Futternapf sollte auch immer an derselben Stelle stehen – Katzen sind Gewohnheitstiere.

Machen Sie ein Spiel aus der Fütterung! Sie können zum Beispiel leckere kleine Häppchen verstecken oder in den Garten werfen und Ihre Katze danach suchen lassen.

Wenn Sie mehrere Katzen haben, sollte jede ihren eigenen Futternapf erhalten. Gerade junge Katzen haben nämlich einen ziemlich ausgeprägten Futterneid. Wenn alle Tiere aus einem Napf fressen, bedienen sich die Stärkeren auf Kosten der Schwächeren, die dann unter Umständen nicht mehr genügend Futter bekommen oder sogar ganz leer ausgehen.

Verweigert Ihre Katze längere Zeit die Nahrung, ist sie wahrscheinlich krank. Der „Hungerstreik" kann eine relativ harmlose Ursache wie Zahnschmerzen oder eine Verletzung im Maul haben; vielleicht leidet Ihre Katze auch an einer Magen-Darm-Infektion oder hat zu viele Haare oder einen Fremdkörper verschluckt. Gehen Sie mit ihr zum Tierarzt, damit er feststellen kann, was hinter der plötzlichen Appetitlosigkeit des Tieres steckt.

Familienplanung

Tragende Katzen brauchen mehr Nahrung – schließlich muss die Katze jetzt nicht mehr nur sich selbst, sondern auch ihre ungeborenen Babys ernähren. Das weiß sie instinktiv und beginnt daher gleich nach der Paarung mehr zu fressen. Nach und nach erhöht sie ihre Nahrungsaufnahme allmählich, bis sie in den letzten zwei Wochen ihrer neunwöchigen Tragezeit vielleicht sogar doppelt so viel frisst wie früher. Das wurde von der Natur nicht ohne Grund so eingerichtet: Ihre Katze schafft sich jetzt Reserven, von denen Sie später während des Säugens zehren kann. Denn dann ist sie intensiv mit ihren Katzenbabys beschäftigt und hat in freier Natur nicht mehr so viel Zeit zum Jagen. Deshalb sollten Sie Ihrer Katze während der Trage- und Säugezeit so viel Futter anbieten, wie sie

In stressigen Zeiten – beispielsweise während eines Umzugs oder wenn sich irgendetwas anderes in der gewohnten Umgebung oder im Lebensrhythmus des Tiers verändert – mögen manche Katzen nicht fressen. Dann brauchen sie besonders viel Liebe und Zuwendung.

haben möchte. Ihre Nahrung muss jetzt auch besonders hochwertig sein. Am besten beschaffen Sie sich Spezial-Fertigfutter für tragende Katzen aus der Tierhandlung, um ganz sicherzugehen, dass Ihre werdende Mutter auch alles bekommt, was sie braucht.

Auch während der Säugezeit ist der Kalorienbedarf der Katze erhöht – wie viel Kalorien sie braucht, hängt von der produzierten Milchmenge (und damit von Anzahl und Alter der Kätzchen) ab. Achten Sie darauf, dass auch nachts Futter für die säugende Katze bereitsteht, und kontrollieren Sie regelmäßig ihr Gewicht, um sicherzugehen, dass sie nicht abnimmt. Reduzieren Sie die Futtergaben erst dann wieder auf die normale Menge, wenn die kleinen Kätzchen entwöhnt sind. Die kleinen Zimmertiger ernähren sich in den ersten Lebenswochen ausschließlich von Muttermilch. Das

Katzen sind Gewohnheitstiere. Deshalb sollten sie ihre Mahlzeiten immer zur gleichen Zeit und am gleichen Platz erhalten.

ist die ideale Nahrung für sie – zusätzliches Futter benötigen sie nicht.

Nur wenn die Milchversorgung der Mutter nicht ausreicht, brauchen die Kätzchen einen speziellen Muttermilchersatz, den Sie bei Ihrem Tierarzt erhalten. Kuh- oder Ziegenmilch sollten Sie den Katzenbabys nicht einflößen, denn das bringt ihr Verdauungssystem durcheinander.

Im Alter von drei bis vier Wochen beginnen die kleinen Kätzchen, zusätzlich zur Muttermilch feste Nahrung zu sich zu nehmen. Vollständig entwöhnt sind sie aber erst mit acht Wochen; dann brauchen sie keine Milch mehr, Sie können Ihnen aber, falls sie es gern mögen, spezielle Katzenmilch anbieten. Die Milch liefert eine Extra-Ration Kalzium, die gut für den Knochenaufbau der kleinen Katzen ist.

Wenn Sie den Kätzchen zum ersten Mal feste Nahrung anbieten, schneiden Sie sie in mundgerechte Häppchen. Trockenfutter muss eingeweicht werden. Lassen Sie die kleinen Katzen von einem flachen Teller oder aus einem niedrigen Napf fressen! In der Tierhandlung gibt es spezielles Katzenkinderfutter, das für den Nachwuchs am besten geeignet ist – denn junge Katzen haben andere Ernährungsbedürfnisse als ausgewachsene Tiere. Sie brauchen auch mehr Nahrung; also achten Sie darauf, dass jederzeit Futter für die Kleinen bereitsteht. Es besteht keine Gefahr, dass sie sich überfressen. Junge Katzen sollten vier bis fünf Futterrationen über den Tag verteilt erhalten. Nach einem halben Jahr können Sie Ihr Katzenkind dann auf Nahrung für erwachsene Katzen umstellen.

Der ideale Speiseplan für Senioren

Wann tritt eine Katze ins „Seniorenalter" ein? Diese Frage lässt sich gar nicht so leicht beantworten, denn im Gegensatz zu manchen Hunden wachsen Katzen keine grauen Haare. Manchmal merkt man es an ihrem Verhalten, wenn eine Katze in die Jahre kommt: Sie wird dann etwas langsamer und träger, ist nicht mehr so abenteuerlustig und verspielt wie früher. Bei den meisten Katzen ist dies im Alter von sieben bis acht Jahren der Fall. Dann verändert sich auch ihr Stoffwechsel und es können erste Alterskrankheiten – beispielsweise Zahnprobleme oder Nierenerkrankungen – auftreten.

Jetzt braucht Ihre Katze eine besondere Ernährung. Manche Katzen bekommen mit zunehmendem Alter Übergewicht, weil sie sich nicht mehr so viel bewegen wie früher; viel häufiger tritt bei älteren Katzen jedoch Untergewicht auf. Das liegt daran, dass sie Fett und Eiweiße nicht mehr so gut verdauen können und daher weniger Energie (Kalorien) aus ihrer Nahrung beziehen. Das können sie ausgleichen, indem sie mehr fressen. Deshalb sollte man älteren Katzen – sofern sie nicht an Übergewicht leiden – so viel Futter anbieten, wie sie mögen. Im Fachhandel ist spezielle Seniorennahrung für ältere Katzen erhältlich, die alle Nährstoffe in ausreichender Menge und hochkonzentrierter Form enthält und gleichzeitig leicht verdaulich ist. Auf dieses Spezialfutter sollten Sie unbedingt zurückgreifen. Es empfiehlt sich jetzt auch, Ihrer Katze mehrmals am Tag kleinere Mahlzeiten anzubieten.

Sollte das Tier trotzdem an Gewicht verlieren, stellen Sie es dem Tierarzt vor. Gewichtskontrolle und regelmäßige Besuche beim Tierarzt sind für ältere Katzen besonders wichtig; so lassen sich eventuelle altersbedingte Erkrankungen (beispielsweise Diabetes und Nierenversagen) rechtzeitig feststellen und behandeln. Häufig leiden ältere Katzen unter Zahnproblemen. Sie haben dann Schmerzen im Maul und können nicht mehr richtig fressen. Auch solche Probleme müssen möglichst rasch vom Tierarzt behandelt

Tragende und säugende Katzen und Deckkater mit einem regen Liebesleben brauchen eine mit zusätzlichen Vitaminen und Mineralstoffen angereicherte Nahrung. Lassen Sie sich von Ihrem Tierarzt oder beim Fachhandel beraten!

werden. Bis dahin bieten Sie Ihrer Katze gut angefeuchtete, in kleine Häppchen geschnittene Nahrung an; das erleichtert das Fressen.

Für ältere Katzen mit Übergewicht gilt genau das Gleiche wie für alle anderen übergewichtigen Stubentiger: Lassen Sie sich vom Tierarzt ein Ernährungsprogramm zur Gewichtsreduktion empfehlen – und halten Sie sich dann auch daran. Lassen Sie sich nicht durch flehentliche Blicke oder Bettelversuche Ihres Hausgenossen erweichen; Sie schaden ihm damit nur.

Wenn die Katze krank ist

Wenn Ihre Katze nicht fressen möchte oder sich auffallend oft im Gesicht kratzt, hat sie vielleicht Zahnschmerzen, einen lockeren Zahn oder eine Zahnfleischentzündung. Dann ist eine Zahnbehandlung unumgänglich. Gehen Sie am besten sofort mit ihr zum Tierarzt, damit sie sich nicht unnötig quält! Vorbeugung ist natürlich noch besser: Kontrollieren Sie das Maul Ihrer Katze regelmäßig und achten Sie dabei auf lockere Zähne oder gerötetes

Regelmäßige Zahnkontrolle ist wichtig – vor allem bei älteren Katzen.

Zahnfleisch, um etwaige Probleme rechtzeitig zu erkennen und behandeln zu können.

Zahnprobleme sind meist schnell behoben, und hinterher wird Ihre Katze garantiert wieder kraftvoll zubeißen können. Für die meisten anderen Katzenkrankheiten und -probleme – beispielsweise Übergewicht, Nierenerkrankungen, Durchfall und Allergien – gibt es im Fachhandel fertig zusammengestelltes Diätfutter, auf das Sie unbedingt zurückgreifen sollten. Diätnahrung für kranke Katzen selbst zuzubereiten, ist sehr aufwendig, und Sie müssen dazu sehr viel über die speziellen Ernährungsbedürfnisse Ihres Patienten wissen, damit Sie nichts falsch machen. Falls es für die Krankheit Ihrer Katze keine fertige Spezialdiät geben sollte, müssen Sie den Tierarzt um Rat fragen; er wird Ihnen sagen, was Sie Ihrem Liebling kochen sollen, damit er möglichst schnell wieder gesund wird.

Wenn Ihre Katze Durchfall hat, ist meist eine Infektion des Magen-Darm-Trakts daran schuld. Dann sollten Sie das Tier zunächst einmal einen Tag lang fasten lassen (bei jungen Kätzchen genügen meist acht bis 20 Stunden). Anschließend erhält die Katze ein paar Tage lang Schonkost. Haferschleim ist in solchen Fällen geradezu ideal – aber leider mögen die meisten Katzen ihn nicht. Vielleicht können Sie bei Ihrem Tier leichter Einsicht und Verständnis für die notwendige Diät wecken, wenn Sie ihm Haferschmelzflocken mit anbieten, die Sie mit etwas Hühnerbrühe aufgekocht haben. Das gibt Kraft und wird der Katze garantiert besser munden, weil es nicht so sehr nach Schonkost, sondern mehr nach Fleisch schmeckt. Auch mageres Putenfleisch mit Reis oder Kartoffelbrei ist für Ihren kleinen Patienten jetzt gut geeignet. Geben Sie Ihrem Tier nur halb so viel Futter wie sonst und teilen Sie es in mehrere kleine Portionen auf. Nach ein paar Tagen verträgt die Katze wieder ihre volle Tagesration. Zum Trinken können Sie ihr Schwarztee, Kamille-, Pfefferminz- oder Fencheltee anbieten – das tut einem kranken Magen und Darm immer gut. Vielleicht akzeptiert Ihre Katze den Tee.

Ballaststoffreiche Kost, ausreichende Bewegung und Flüssigkeit halten den Darm auf Trab – nicht nur beim Menschen, sondern auch bei Katzen.

Bei starken Flüssigkeitsverlusten infolge von Durchfall sollten Sie den Mineralstoffverlust ausgleichen, indem Sie dem Tier zimmerwarmes stilles Mineralwasser anbieten.

Auch Verstopfung kommt bei Katzen hin und wieder vor. Dem können Sie am besten vorbeugen, indem Sie Ihrem Tier genügend Bewegung verschaffen und auf eine ballaststoffreiche Ernährung und ausreichende Flüssigkeitszufuhr achten. Sollte es mit dem täglichen Geschäft trotzdem einmal nicht so gut klappen, rühren Sie der Katze in jede Futterration eine gehäufte Messerspitze Milchzucker (Laktose) – er wirkt mild abführend. (Ein Schälchen Milch hat eine ähnliche Wirkung.) Auch Ölsardinen führen dank ihres hohen Ölgehalts garantiert zu einem „durchschlagenden Erfolg" und sind außerdem bei Katzen sehr beliebt. Wichtig ist auch, dass Ihre Katze jetzt viel Wasser trinkt! Denn das macht den Stuhl weicher und geschmeidiger. Falls Ihre Katze nicht gern trinkt, seien Sie unerbittlich und träufeln Sie ihr das Wasser mit einer Einwegspritze (natürlich ohne Nadel) ins Maul.

Falls Ihre Katze an einer Nahrungsmittelallergie leidet, fragen Sie Ihren Tierarzt um Rat. Er wird Ihnen helfen, einen allergenarmen Speiseplan für Ihr Tier zusammenzustellen.

Es gibt freilich auch Katzenkrankheiten, die eine dauerhafte Diät erfordern. Wenn Ihre Katze Probleme mit Leber oder Nieren hat, darf sie beispielsweise nicht mehr so viel Fleisch bekommen wie eine gesunde Katze – denn tierisches Eiweiß belastet diese Entgiftungsorgane. Dafür ist jetzt mehr Gemüse angesagt. Leberkranke Katzen vertragen außerdem weniger Fett – für sie ist mageres Fleisch (beispielsweise Putenfleisch), eventuell vermischt mit Reis und Gemüse, ideal.

Eine fettarme und gleichzeitig ballaststoffreiche Ernährung ist bei herzkranken Katzen angezeigt; denn tierisches Fett enthält viel Cholesterin, das bei Herz-Kreislauf-Erkrankungen schädlich ist, während Ballaststoffe den Cholesterinspiegel senken. Mageres Geflügel (Huhn oder Pute), Lammfleisch und Süßwasserfisch, kombiniert mit Reis, Mais oder Nudeln, sind die ideale Schonkost für herzkranke Katzen.

Bei solchen schwereren Erkrankungen (auch bei Diabetes) sollten Sie sich unbedingt eingehend von Ihrem Tierarzt beraten lassen, denn Ernährungsfehler können für Ihre Katze in solchen Fällen sehr schädlich sein.

Das Hauptproblem bei Diätkost – egal ob Sie sie selbst zubereiten oder fertig aus dem Fachhandel beziehen – besteht allerdings darin, dass sie der Katze häufig nicht schmeckt und daher (zumindest anfangs) nur widerwillig gefressen wird. Wie soll man einer Katze, die von Natur aus auf Jagd und fleischliche Nahrung eingerichtet ist, klar machen, dass sie sich fett- und cholesterinarm ernähren soll? Da hilft nur eines: Überlisten Sie Ihren Zimmertiger und stellen Sie ihn ganz langsam und allmählich auf Diätkost um. Mischen Sie das Diätfutter unter ihre gewohnte Nahrung und erhöhen Sie den Diätanteil Tag für Tag immer mehr. Falls die Katze sich trotzdem immer noch nicht von ihrem Hungerstreik abbringen lässt, hilft es unter Umständen, das Diätfutter auf etwa 35 °C zu erwärmen.

Fertigfutter

Achtung: Katzen, die mit Trockenfutter verköstigt werden, müssen viel trinken! Achten Sie darauf, dass der Wassernapf Ihrer Katze immer mit sauberem, frischem Wasser gefüllt ist.

Fertigfutter gibt es in so unterschiedlichen Geschmacksrichtungen, dass Sie Ihrer Katze wochenlang jeden Tag etwas anderes anbieten könnten, falls sie sich das wünscht. Außerdem hat Fertignahrung den Vorteil, dass es praktisch und zeitsparend ist, seine Katze damit zu füttern, und dass dieses Futter garantiert alle Nährstoffe, die die Katze braucht, in der richtigen Menge enthält. Außerdem lässt es sich leicht lagern, wird nur aus hochwertigen Zutaten hergestellt und enthält garantiert keine Krankheitskeime.

Feucht- oder Trockenfutter?

Man unterscheidet Feucht- oder Dosenfutter (mit 75 Prozent Feuchtigkeit) und Trockenfutter wie beispielsweise Brekkies, dem das Wasser entzogen wurde und das daher nur noch 12 bis 15 Prozent Feuchtigkeit enthält. Trockenfutter ist somit konzentrierter und folglich auch kalorienreicher als Dosenfutter und wird deshalb in kleineren Rationen verabreicht. Welche Futtermengen Ihre Katze braucht, können Sie auf der Verpackung nachlesen.

Feuchtfutter hat den Vorteil, dass Katzen daraus bereits einen Teil ihres täglichen Flüssigkeitsbedarfs decken können. Außerdem wird es von vielen Katzen lieber angenommen als Trockenfutter

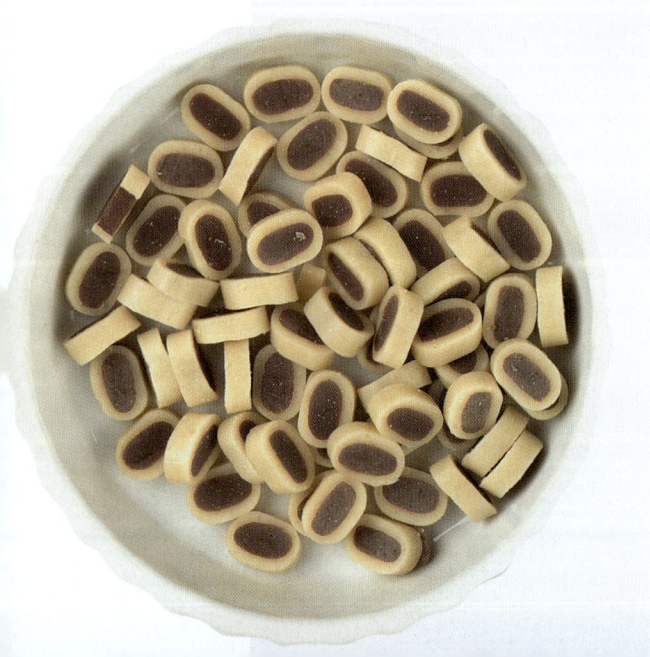

und ist auch bei Zahnproblemen, an denen vor allem ältere Katzen häufig leiden, die bessere Alternative.

Doch auch Trockenfutter hat etwas für sich: Es bietet der Katze etwas zu knabbern, kräftigt das Zahnfleisch und beugt der Entstehung von Zahnbelägen vor. Allerdings müssen Sie dabei unbedingt darauf achten, dass Ihre Katze genügend Wasser trinkt, sonst besteht die Gefahr der Bildung von Harnsteinen oder -grieß. Falls Ihre Katze es akzeptiert, wechseln Sie ruhig öfter einmal zwischen Feucht- und Trockenfutter ab!

Einige Hersteller bieten Rohfleisch in haushaltspraktischen Tiefkühlschalen an, das aus amtstierärztlich unbeanstandeten Schlachtungen stammt und fressfertig zerkleinert gefrostet wurde. In der Regel handelt es sich um Portionen zu 250 oder 500 Gramm. Wählen kann man zwischen Rinderherz, Rinderkronfleisch, Lammfleisch, Backenfleisch, Wild, Pferdefleisch, Lachsfilet und einer Mischung aus Rindfleisch, Herz, Leber und Niere. Wer sich die Mühe des Kochens ersparen will, kann auch bereits gegartes Tiefkühlfleisch bestellen.

Viele Futterhersteller mixen unter das Futter außer zusätzlichen Spurenelementen und Mineralstoffen auch spezielle Duftstoffe,

Bei Trockenfutter sollten Sie auf das Verfallsdatum achten! Nach Ablauf dieses Datums besteht die Gefahr, dass wertvolle Vitamine verloren gehen.

die den Katzenappetit anregen. Und jede Katze hat ihren eigenen Geschmack. Daher kann es durchaus passieren, dass ein Tier auf ein ganz bestimmtes Fertigfutter abfährt, während sie das Essen, das Sie liebevoll für sie gekocht haben, verschmäht. Es schmeckt ihr eben nicht. Dann sollte man nicht allzu enttäuscht sein, sondern dem Tierchen einfach seinen Willen lassen.

Für jeden Katzengeschmack das Richtige

Mit Fertigfutter ist es wesentlich leichter, eine Katze ausgewogen zu ernähren – daher ist es die einfachste Lösung vor allem für Katzenbesitzer, die berufstätig sind oder aus anderen Gründen wenig Zeit haben.

Fast für jedes Alter und jede Lebenslage gibt es im Fachhandel speziell zusammengestelltes Katzenfutter: Fertignahrung für junge Kätzchen, für tragende und säugende Katzenmütter, für ausgewachsene und übergewichtige Katzen und natürlich auch für Senioren. Lesen Sie die Angaben auf dem Etikett, dann sehen Sie, womit Sie Ihrer Katze etwas Gutes tun können: Viele Fertigfuttersorten enthalten spezielles Öl (beispielsweise Fisch- oder Sonnenblumenöl), durch das Ihre Katze ein gesundes, schön glänzendes Fell bekommt. Manche sind mit Faserstoffen angereichert, die die Verdauung fördern – ideal für Tiere, die sich nicht viel bewegen und daher zu Verstopfung neigen. Fertigfutter für Senioren enthält besonders hochwertiges Eiweiß (da ältere Katzen Eiweiß nicht mehr so gut verwerten können) und hat außerdem einen höheren Gehalt an anitoxidativen Vitaminen wie beispielsweise Vitamin C und E, die den Alterungsprozess verlangsamen und das Immunsystem stärken.

Futter zum „Abspecken" hat einen reduzierten Kaloriengehalt und enthält häufig besonders viele Ballaststoffe, die Ihrer Katze ein angenehmes Gefühl der Sättigung schenken, ohne dick zu machen – denn Ballaststoffe werden unverdaut wieder ausgeschieden. Für langhaarige Katzen, die beim Putzen viele Haare verschlucken

Wenn Ihre Katze zu Allergien neigt, wählen Sie Futtersorten ohne Farb-, Konservierungs- und Aromastoffe.

und daher besonders häufig Haarballen auswürgen, ist ein erhöhter Ballaststoffgehalt ebenfalls günstig, denn er fördert den Abtransport der Haare durch den Verdauungstrakt, sodass allzu häufiges Auswürgen vermieden wird. Auch für solche Tiere gibt es im Fachhandel spezielles Futter.

Fertigfutter für Allergiker enthält sorgfältig ausgewählte allergenarme Fleischsorten und wird selbstverständlich ohne Farb-, Konservierungs-, Aroma- und sonstige Zusatzstoffe hergestellt. Für Katzen, die zur Bildung von Harnsteinen neigen, gibt es Fertigfutter mit reduziertem Magnesiumgehalt. Und auch für die meisten anderen Erkrankungen – beispielsweise Verdauungsbeschwerden, Nieren- und Leberschäden und Diabetes – finden Sie im Fachhandel speziell zusammengestellte Futtermischungen, die Ihrem kleinen Patienten genau das bieten, was er braucht.

Wenn Sie Ihre Katze mit Dosenfutter verköstigen, kaufen Sie lieber kleine Portionen! Auf diese Weise fallen keine Reste an. Altes, abgestandenes Futter mögen Katzen nämlich nicht.

BSE – nein danke!

In unseren BSE-geplagten Zeiten ist durchaus auch die Frage erlaubt, wie sorgfältig denn das im Handel erhältliche Katzenfutter hergestellt ist. Es kursierten Meldungen in der Presse, wonach auch Katzen an BSE erkrankt seien. Natürlich kann die gefährliche Rinderseuche auch auf Katzen übertragen werden, wobei besonders Großkatzen gefährdet sind, die im Zoo mit rohem Fleisch gefüttert werden. Doch die Tiere haben es in mancherlei Hinsicht besser als wir: Wo die Bauernverbände und Politiker schliefen und die BSE-Gefahr verharmlosten, reagierten die Hunde- und Katzenfutterhersteller schon sehr früh und heimlich. Seit zehn Jahren beziehen Futterhersteller kein Rindfleisch mehr aus Großbritannien. Ebenso wird auf Risikogewebe wie Milz, Hirn oder Rückenmark verzichtet.

Schmackhafte Katzengerichte

Fangfrisches Filet mit Käseschnee

(Eine Portion für zwei Katzenleckermäuler)

- *200 g Goldbarschfilet*
- *$\frac{1}{8}$ l Wasser*
- *1 Msp. Gemüsebrühe*
- *60 g gekochter Reis*
- *1 EL Öl*
- *2 EL geriebener Parmesankäse*
- *glatte Petersilie zur Dekoration*

Tipp
Wer keinen Parmesankäse im Haus hat, kann stattdessen zum Beispiel auch Emmentaler Käse verwenden. Wichtig ist nur, dass der Käse frisch gerieben ist.

1. Das Filet gründlich auf Gräten untersuchen und eventuell übrig gebliebene vorsichtig herausziehen.

2. Etwa $\frac{1}{8}$ l Wasser mit einer Messerspitze Gemüsebrühe zum Kochen bringen. Die Temperatur zurückschalten und den Fisch in der köchelnden Flüssigkeit etwa 20 Minuten garen lassen.

3. Das Goldbarschfilet in kleinere Stücke zerteilen und mit dem gekochten Reis und dem Öl gut vermischen. Das leicht abgekühlte Fisch-Reis-Gericht hügelartig auf einem Teller anrichten und die Spitze mit dem geriebenen Käse bestreuen. Zum Schluss zur Dekoration einen Petersilienstängel mit Blatt als Fahne hineinstecken.

Makrele im Kartoffelboot

(Eine Portion für zwei Katzenleckermäuler)

1. Das geräucherte Filet gründlich auf eventuelle Gräten untersuchen und diese sorgfältig entfernen. Anschließend den Fisch mit einer Gabel zerdrücken. Die gekochten Kartoffeln mit dem Joghurt cremig rühren.

2. Den Kartoffelbrei mit den Makrelenstückchen vermengen und zum Schluss die Hefeflocken unterziehen.
3. Das lauwarme Gericht in Form eines Bootes auf dem Teller anrichten und mit einem Mast aus Petersilienstängel und Blättern verzieren.

- *1 geräuchertes Makrelenfilet (etwa 200 g)*
- *2 gekochte Kartoffeln*
- *2 EL Naturjoghurt*
- *1 TL Hefeflocken*
- *glatte Petersilie zum Dekorieren*

Tipp
Das Gericht lässt sich auch sehr gut mit gegrillter oder geschmorter Makrele zubereiten. Da Makrelen recht fett sind, sollte man dieses Rezept für Katzen mit Gewichtsproblemen eher mit magerem Fisch zubereiten, zum Beispiel Scholle.

Fischrisotto Napoli mit Krevettenkrone

(Eine Portion für zwei Katzenleckermäuler)

1. Etwa $\frac{1}{8}$ l Wasser zum Kochen bringen, die Gemüsebrühe einstreuen, aufkochen lassen und anschließend die Hitze reduzieren. Das sorgfältig entgrätete Kabeljaufilet in der heißen Flüssigkeit gar ziehen lassen. Anschließend vorsichtig herausnehmen.

2. Den Reis nach und nach in den Fischsud geben und unter kräftigem Rühren cremig kochen. Den Fisch zerteilen und mit dem Reis vermengen. Zum Schluss das Tomatenpüree unterziehen.

3. Das leicht abgekühlte Gericht anrichten. Die gekochten Krevetten auspulen und kronenartig auf dem Risotto dekorieren.

- 200 g Kabeljaufilet
- $\frac{1}{8}$ l Wasser
- 1 EL Gemüsebrühe
- 60 g Reis
- 1–2 EL Tomatenpüree
- 6 gekochte Krevetten

Tipp
Feinschmeckerische Katzenmäuler mögen es sehr, wenn man ihnen ihre Leckereien nicht zu warm und nicht zu kalt serviert, am besten etwa 37°C warm.

Fischfrikassee Ahoi

(Eine Portion für zwei Katzenleckermäuler)

1. Das Fischfilet in kleinere Stücke schneiden und mit Salz, Pfeffer und Obstessig etwa eine Stunde marinieren.

2. Den Spinat kurz in Salzwasser zusammenfallen lassen, grob hacken und dann in eine mit Öl ausgepinselte Auflaufform geben.

3. Die Fischstücke in geriebenem Käse wenden und auf dem Spinat verteilen. Die mit dem Eigelb verquirlte Milch darüber gießen, mit etwas geriebenem Käse bestreuen und bei mittlerer Hitze im vorgeheizten Backofen goldbraun backen. Leicht Abgekühlt servieren.

- *200g Fischfilet nach Geschmack der Katze*
- *1 Prise Salz*
- *1 Prise Pfeffer*
- *1 EL Obstessig*
- *80g Spinat*
- *2 EL geriebener Käse*
- *80 ml Katzenmilch*
- *1 Eigelb*
- *1 EL geriebener Käse*

Schwimmende Sardinen

(Eine Portion für zwei Katzenleckermäuler)

1. Das Öl in einer Pfanne erhitzen und die Sardinenfilets darin zerdrücken. Das Wasser dazugießen, kräftig umrühren und aufkochen lassen.

2. Die blättrig geschnittenen Champignons untermischen und ein paar Minuten köcheln lassen. Zum Schluss die Haferflocken in die Suppe rühren.

- *2 Sardinen aus der Dose*
- *1 EL Öl*
- *100 ml Wasser*
- *1 EL klein geschnittene Champignons*
- *2 EL Haferflocken*

Lachsrouladen mit Schollencremefüllung

(Eine Portion für zwei Katzenleckermäuler)

1. Das Suppengrün in $\frac{1}{2}$ l Salzwasser aufkochen lassen, die Hitze reduzieren und das Fischfilet darin gar ziehen lassen. Anschließend den Fisch herausnehmen und mit einer Gabel oder dem Handrührgerät pürieren.

2. Die Lachsscheiben ausbreiten, mit der Fischcreme bestreichen und aufrollen. Mit Petersilienzweigen zusammenbinden.

- *1 Möhre*
- *1 Stück Sellerie*
- *1 Stück Lauchstange*
- *1 Petersilienwurzel*
- *200 g Schollenfilet*
- *4 Scheiben Räucherlachs*
- *glatte Petersilie zum Garnieren*

Thunfischsalat mit Käsehaube

(Eine Portion für zwei Katzenleckermäuler)

- 200g Thunfisch in Öl
- 3 EL Gemüsemais
- 1 EL Maissaft
- 2 EL geriebener Käse

1. Den Thunfisch mit einer Gabel zerdrücken und mit dem Mais und dem Saft gut vermischen.

2. Den Salat anrichten, mit einem Löffel eine Vertiefung eindrücken und mit einer Haube aus geriebenem Käse bedecken.

Thunfisch à la „Mimi"

(Eine Portion für zwei Katzenleckermäuler)

- 200g Thunfisch in Öl
- 2–3 Sardellenfilets
- 2 EL geriebener Käse
- 1 Ei
- 60g eingeweichte Haferflocken

1. Den Thunfisch vorsichtig mit einer Gabel zerdrücken und mit den klein geschnittenen Sardellen vermischen. Mit einer Gabel oder einem Handrührgerät cremig aufschlagen. Den Käse und das Ei unterziehen.

2. Die Haferflocken einweichen, ausdrücken, mit der Fischmasse vermengen und alles in eine kleine Pastetenform füllen. Die Pastete in der abgedeckten Form im Wasserbad im Backofen bei etwa 180°C 40–50 Minuten lang fest werden lassen.

Tipp
Die Pastete in Scheiben geschnitten und eingefroren ist ein willkommener Happen für Miezes kleinen Hunger zwischendurch.

Gemüseauflauf mit Fischboden

(Eine Portion für zwei Katzenleckermäuler)

1. Das Kabeljaufilet sorgfältig von letzten Gräten befreien. Etwa ½ l Salzwasser zum Kochen bringen, den Fisch darin gar ziehen lassen.

2. Die Möhren und die Petersilienwurzel putzen und würfeln. Die Tomate häuten, entkernen und ebenfalls klein schneiden. Die gegarten Fischfilets herausnehmen und das Gemüse in dem Sud dünsten.

3. Eine feuerfeste Form mit Öl auspinseln. Den Fisch auf dem Boden auslegen, das Gemüse darauf verteilen. Die Eier mit der Katzenmilch und dem geriebenen Käse verquirlen und darüber gießen. Im vorgeheizten Backofen etwa 30 Minuten bei 180 °C backen, bis sich eine feste, goldgelbe Haut gebildet hat, das Innere aber noch weich ist.

- *200 g Kabeljaufilet*
- *2 Möhren*
- *1 Petersilienwurzel*
- *1 Tomate*
- *2 Eier*
- *2 EL Katzenmilch*
- *2 EL geriebener Käse*
- *Öl zum Auspinseln*

Tipp
Erhöhen Sie die Rezeptmengen und bereiten Sie aus dem Sud, Fischstückchen und Gemüse eine delikate Sülze. Sie brauchen für die Zubereitung 20 g Sülzenpulver.

Gefüllte Makrele nach Miezenart

(Eine Portion für zwei Katzenleckermäuler)

- *2 Makrelenfilets*
- *1 EL Öl*
- *3–5 Makkaroni-Nudeln*
- *100 g gekochter Schinken*
- *2 EL gekochter Reis*
- *1 EL eingeweichte Haferflocken*
- *1 EL Tomatenpüree*
- *glatte Petersilie zur Dekoration*

1. Die Filets sorgfältig von letzten Gräten befreien. Das Öl in der Pfanne erhitzen und die Makrele von allen Seiten goldbraun darin anbraten. Vorsichtig herausnehmen und abkühlen lassen.

2. Die Makkaroni-Nudeln in Salzwasser bissfest kochen.

3. Den gekochten Schinken klein schneiden, mit dem Reis und den eingeweichten Haferflocken und dem Tomatenpüree vermengen.

4. Ein Filet mit der Schinken-Reis-Masse bestreichen, das andere darauf legen. Die gefüllte Makrele mit den Makkaroni-Nudeln vorsichtig zusammenbinden. Wer es besonders dekorativ mag, windet auch noch Petersilienstängel darum.

Tipp
Statt Makrelenfilets eignet sich auch ein anderer Fisch mit festem Fleisch, zum Beispiel Seelachs.

Thunfischbällchen im Reisbett

(Eine Portion für zwei Katzenleckermäuler)

- 60 g Reis
- 200 g Thunfisch in Öl
- 2–3 Möhren
- 1 TL Öl oder Butter
- 2–3 EL eingeweichte Haferflocken
- 2 EL Parmesankäse
- evtl. 1 EL Tomatenpüree
- 1 TL Lebertran

1. Den Reis in Salzwasser bissfest kochen und beiseite stellen. Den Thunfisch mit der Gabel fein zerbröseln. Die Möhren putzen, raspeln und in wenig Öl weich dünsten. Die Haferflocken einweichen und den Käse möglichst fein reiben. Ein Ei schaumig aufschlagen.

2. Den Thunfisch mit den Möhrenraspeln, den Haferflocken, dem Käse und dem Ei gut verrühren. Wahlweise kann man auch noch etwas Tomatenpüree unterziehen.

3. Mit feuchten Händen kleine gleichmäßige Bällchen formen und diese in eine feuerfeste Form setzen. Bei etwa 150 °C im vorgeheizten Backofen fest werden lassen. Den Reis auf einen Teller geben und die abgekühlten Fischkugeln dekorativ verteilen. Zum Schluss mit etwas Lebertran beträufeln.

Katzenbouillabaisse marseillaise

(Eine Portion für vier Katzenleckermäuler)

1. Ein kleine Zwiebel in Scheiben schneiden oder fein würfeln. 1–2 Kartoffeln schälen und in dünne Stifte schneiden, die Papprika putzen und ebenfalls würfeln.

2. Das Öl in einem Topf erhitzen, das Gemüse darin etwa 3–4 Minuten anschmoren, die Gewürze zugeben und mit der Gemüsebrühe ablöschen.

3. Den Fisch sorgfältig von den letzten Gräten befreien, in Stücke schneiden und in die Brühe geben. Die Krevetten und die Tintenfischringe ebenfalls dazugeben. Alles zusammen etwa 10 Minuten bei mittlerer Hitze köcheln lassen.

4. Den Topf vom Herd nehmen, etwas abkühlen lassen und zum Binden den Joghurt einrühren. Auf 4 Schälchen verteilen und mit etwas Katzengras verzieren.

- *1 kleine Zwiebel*
- *50g rohe Kartoffelstifte*
- *50g rote Paprikawürfel*
- *1 EL Öl*
- *1 Zweig Rosmarin*
- *1 Zweig Thymian*
- *³⁄₄ l Gemüsebrühe*
- *100g Seelachsfilet*
- *100g Makrelenfilet*
- *8 Krevetten*
- *50g frische Tintenfischringe*
- *2–3 EL Naturjoghurt*
- *Katzengras*

Tipp
Wenn Ihre Katze Gäste hat, denken Sie daran: So weit geht die Freundschaft nicht, dass alle aus einem Napf fressen möchten. Halten Sie für Muschi & Co. jeweils einen eigenen Teller bereit!

Gefangene Seezunge im Aspiksee

(Eine Portion für ein Katzenleckermaul)

- 1 TL Butter
- 200 g Seezungenfilet
- 2 Möhren
- 30 g Champignons
- 1 kleine Zwiebel
- 2 EL gekochte Bohnen aus der Dose
- 20 g Aspikpulver

Tipp
Wenn Ihr Stubentiger zum Beispiel grüne Bohnen veschmäht, dafür Zucchinis zu seinen Leibspeisen gehören, tauschen Sie das Gemüse einfach aus.

1. Das Filet gründlich von letzten Gräten befreien. Die Butter in einer Pfanne erhitzen. Das Filet darin von beiden Seiten goldbraun anbraten. Den gegarten Fisch herausnehmen und zur Seite stellen.

2. Die Möhren putzen und in Scheiben schneiden, die Champignons säubern und blättrig schneiden, eine kleine Zwiebel fein würfeln. Das Gemüse in der Fischpfanne dünsten, eventuell noch etwas Butter zugeben. Das Gemüse nach Möglichkeit nicht vermengen. Die grünen Bohnen in einem Topf erhitzen.

3. In eine ovale oder runde Schüssel das gebratene Seezungenfilet legen. Das Gemüse mit einem Löffel in Häufchen den unterschiedlichen Farben nach um den Fisch herum verteilen.

4. Etwa $\frac{1}{2}$ l Wasser zum Kochen bringen, das Aspikpulver einrühren und kräftig rühren. Mit der flüssigen Masse den Fisch und das Gemüse bedecken. Fest werden lassen und im Ganzen oder portionsweise servieren.

Gerollte Scholle im Rettungsboot

(Eine Portion für zwei Katzenleckermäuler)

1. Die Schollenfilets sorgfältig von den letzten Gräten befreien. Die Butter in einer Pfanne erhitzen und die Filets darin 2–3 Minuten braten.

2. Die Möhren putzen, raspeln und in wenig Wasser dünsten. Die Schmelzflocken einweichen lassen. Die Möhren, die saure Sahne, die Schmelzflocken und die Hefeflocken gut vermischen. Die Masse auf den Filets verteilen und diese anschließend vorsichtig zusammenrollen, damit sie nicht auseinander brechen.

3. Etwa $\frac{1}{2}$ l Wasser zum Kochen bringen, das Aspikpulver einstreuen und kräftig rühren. Die aufgerollten Schollenfilets hintereinander in eine kleine, möglichst ovale Terrinenform legen. Das flüssige Aspik darum herumgießen, ohne die Rouladen zu bedecken.

4. Die Terrine nach dem Festwerden des Aspiks auf einen Teller stürzen. Auf beiden Längsseiten jeweils 3 große ausgepulte Krevetten als „Ruder" in den Aspik drücken.

- *200 g Schollenfilet*
- *1 EL Butter oder Öl*
- *3 kleine Möhren*
- *1 EL saure Sahne*
- *3 EL Schmelzflocken*
- *1 EL Hefeflocken*
- *20 g Aspikpulver*

Tipp
Statt in Aspik kann man die delikaten Schollenröllchen auch in einem „Gemüsesee" schwimmen lassen, zum Beispiel aus Möhren- und Erbsenallerlei.

Lachsschaum auf Kartoffelplätzchen

(Eine Portion für zwei Katzenleckermäuler)

- $\frac{1}{2}$ TL Gemüsebrühe
- 80 ml Wasser
- 100 g Lachsfilet
- 2 EL Katzenmilch
- 1 EL Naturjoghurt
- 2 rohe Kartoffeln
- $\frac{1}{2}$ Zwiebel
- 1 Prise Salz
- 1 Prise geriebene Muskatnuss
- 2–3 EL Rüböl
- 1 EL gekochte Erbsen aus der Dose

Tipp
Wenn Ihre Katze eher zu den „Süßmäulern" gehört, servieren Sie ihr doch lieber cremiges Apfelmus mit Zucker und Zimtschnee zu den knusprigen Pfannkuchen als salzigen Lachsschaum.

1. Den Lachs in wenig Gemüsebrühe in einem Topf garen, herausnehmen und kalt werden lassen. Anschließend mit der Katzenmilch und dem Naturjoghurt entweder mit einer Gabel oder dem Handmixer cremig aufschlagen.

2. Die Kartoffeln schälen und raspeln, die Zwiebel reiben. Ein Ei verquirlen, mit den Kartoffelraspeln und der Zwiebel gut vermengen und mit Salz und geriebener Muskatnuss würzen.

3. Das Rüböl in der Pfanne erhitzen, mit feuchten Händen oder Löffeln kleine flache Pfannkuchen formen und diese unter mehrfachem Wenden von beiden Seiten bei mittlerer Hitze goldbraun braten.

4. Die fertigen Reibekuchen leicht abkühlen lassen und, wenn sie lauwarm sind, auf einem Teller anrichten. Den Lachsschaum in eine Spritztüte füllen und eine Krone auf die Pfannkuchen spritzen. Nach Belieben der Krone zusätzlich „Edelsteine" aus gekochten Erbsen aufsetzen.

Gebackener Hering mit grünen Schuppen

(Eine Portion für zwei Katzenleckermäuler)

1. Das Öl in einer Pfanne erhitzen und den frischen Hering von beiden Seiten bei mittlerer Hitze goldbraun braten. Den Fisch anschließend herausnehmen und filetieren. Die Rückenflosse mit Fischmesser und Gabel herausziehen. Die Haut entlang des Rückens, dann an Kopf und Schwanz durchtrennen. Dann die Haut vom Kopf her aufrollen und abziehen. Das Filet vorsichtig von der Mittelgräte lösen, abnehmen und beiseite legen. Zum Lösen des unteren Filets mit dem Fischmesser vom Schwanz her unter dem Skelett entlangfahren und am Kopf abtrennen. Das ausgelöste Skelett entfernen, den Fisch mit der Hautseite nach oben legen und die Haut abziehen. Die Filets vorsichtig von letzten Gräten befreien.

2. Die klein geschnittene Zwiebel in der Fischpfanne anbraten, eventuell noch etwas Öl zugeben, die Eierwürfel und den gekochten Reis unter Rühren unterziehen, mit einem Eigelb und der Sahne legieren. Die in grobe Stücke zerteilten Filets unterheben. In Fischform anrichten und den Umriss mit Blättern aus glatter Petersilie verzieren.

- *1 EL Öl*
- *1 frischer ausgenommener Hering*
- *1 kleine Zwiebel*
- *1 hart gekochtes Ei*
- *60 g gekochter Reis*
- *1 Eigelb*
- *1 EL Sahne*
- *glatte Petersilie*

Tipp
Eine köstliche und vitaminreiche Bereicherung der Dekoration sind bissfest gegarte Zucchinischeiben, die schuppenartig auf dem Fisch liegen.

Makrelen-Lachs-Kugeln im grünen Kräuterkleid

- *50 g geräucherte Makrele*
- *50 g Räucherlachs*
- *einige Zweige frische Kräuter, z. B. Petersilie, Schnittlauch, Dill, Zitronenmelisse*
- *2 EL würziger Parmesankäse*
- *1 TL Obstessig*
- *½–1 EL Lebertran*

(Eine Portion für zwei Katzenleckermäuler)

1. Die Makrele und den Lachs sehr fein schneiden und vermischen. Die frischen Kräuter, zum Beispiel Petersilie, Schnittlauch, Dill, Zitronenmelisse, waschen, gründlich trockentupfen, hacken und in eine Schüssel geben. Mit dem geriebenen Käse und dem Obstessig vermischen.

2. Das Makrelen-Lachs-Gehackte zu kleinen Kugeln formen. Durch etwas Lebertran ziehen und in dem Käse-Kräuter-Gemisch wälzen, bis die Bällchen rundherum bedeckt sind.

Tipp
Die Kräuter nicht zu lange waschen und erst kurz vor dem Verwenden hacken, da sonst die wertvollen Inhaltsstoffe, zum Beispiel Vitamine und Mineralstoffe, zerstört würden.

Pumas Festmahl

(Eine Portion für zwei Katzenleckermäuler)

1. Das Schnitzel vom Seeteufel in stillem Mineralwasser mit 1 g Wakamé-Alge vorsichtig garen (auf keinen Fall kochen!).

2. Anschließend leicht abkühlen lassen, von der Mittelgräte und allen restlichen Gräten befreien und in kleine Würfel schneiden.

3. Das Salzwasser erhitzen, den Reis einstreuen, kurz aufkochen, die Hitze reduzieren, garen und ausquellen lassen.

4. Die Gurke blanchieren, klein schneiden, mit dem gekochten Reis und mit den Hefeflocken vermischen. Alles zusammen lauwarm servieren.

- *150 g Seeteufel*
- *1 g Wakamé-Alge*
- *40 g Reis*
- *40 g Gurke*
- *1 EL Hefeflocken*

Seeteufel „Höllenbraten"

(Eine Portion für zwei Katzenleckermäuler)

1. Den Seeteufel mit etwas Nori-Algenpulver bestreuen, mit Diätmargarine bestreichen und in die Bratfolie geben. Kurz bei etwa 100 °C im Backofen garen.

2. Den Fisch leicht auskühlen lassen, in feine Streifen schneiden und mit gekochter, geraspelter Möhre, vermengt mit Hefeflocken servieren.

- *150 g Seeteufel*
- *1 g Nori-Algenpulver*
- *1 EL Diätmargarine*
- *1 geraspelte gekochte Möhre*
- *1 EL Hefeflocken*

Rote Thunfischcreme auf weißem Kartoffelfelsen

- *1 enthäutete Tomate*
- *$\frac{1}{2}$ Knoblauchzehe*
- *1 kleine Zwiebel*
- *1 EL Olivenöl*
- *1 EL gekochte Rote-Bete-Scheiben*
- *2–3 Pellkartoffeln*
- *2 EL Naturjoghurt*

(Eine Portion für zwei Katzenleckermäuler)

1. Eine abgezogene Tomate entkernen, in kleine Würfel schneiden und mit dem Knoblauch und der gehackten Zwiebel in Olivenöl anbraten. In eine Schüssel geben und mit dem Thunfisch und der Roten Bete mischen. Mit der Gabel oder dem Handmixer cremig rühren.

2. Die gekochten Kartoffeln pellen, etwas Naturjoghurt zugeben und mit einer Gabel grob durchdrücken. Auf einem Teller zu „Felsen" formen und die Thunfischcreme darüber löffeln.

Rotbarschrouladen Nordseewellen

- 200 g Rotbarschfilets
- 1 Msp. Salz
- 1 EL Zitronensaft
- 4 geräucherte Sardellenfilets
- ½ TL Sojasoße
- ½ TL Zitronensaft
- 2 Möhren
- 1 kleine Lauchzwiebel
- 40 g Nordseekrabben
- 1 EL Öl
- 100 ml Gemüsebrühe
- 100 g gekochter Reis

Tipp
Wenn Sie mehr Gemüsebrühe angießen, können Sie den köstlichen Fischsud mit Sülzenpulver aufkochen, die Brühe abkühlen lassen, in eine Form geben und über Nacht erstarren lassen. In Würfel geschnitten ergibt das leckere Happen für hungrige Katzenmäuler.

(Eine Portion für zwei Katzenleckermäuler)

1. Die Filets sorgfältig von den letzten Gräten befreien, salzen und mit Zitronensaft beträufeln. Die Sardellenfilets mit der Sojasoße und wenig Zitronensaft mit einer Gabel cremig rühren. Den Rotbarsch damit bestreichen.

2. Die Möhren putzen und in Stifte schneiden, die Lauchzwiebel in feine Ringe. Zusammen mit den Nordseekrabben auf den Filets verteilen. Die Rouladen zusammenrollen und mit Zahnstochern befestigen oder mit Garn zusammenbinden.

3. Das Öl in einer Pfanne erhitzen, die Rouladen darin vorsichtig von allen Seiten anbraten. Die Gemüsebrühe angießen, die Hitze reduzieren und die Rouladen 10 bis 15 Minuten gar ziehen lassen.

4. Die Rouladen herausnehmen, etwas abkühlen lassen und in Scheiben schneiden. Den gekochten Reis wellenförmig auf einem Teller anrichten und die Rouladenscheiben in ein „Wellental" legen.

Fischfilet frisch und fein

(Eine Portion für zwei Katzenleckermäuler)

1. Die Filets säubern und, falls nötig, sorgfältig die letzten Gräten mit einer Pinzette entfernen. Den Fisch von beiden Seiten mit dem Zitronensaft beträufeln und mit dem Salz würzen. Zum Schluss die Filets in Mehl wenden.

2. Die Zwiebel sehr fein würfeln, die Pfifferlinge putzen und klein schneiden, die Petersilie hacken.

3. Die Butter oder das Öl in der Pfanne erhitzen, den Fisch darin von beiden Seiten kurz anbraten. Anschließend herausnehmen und beiseite stellen.

4. Zwiebel, Pilze und Kräuter in die Butter geben und unter Rühren kurz andünsten. Das Wasser und die saure Sahne dazugeben, die Fischfilets wieder in die Pfanne legen und noch etwa 10 Minuten ziehen lassen.

5. Leicht abkühlen lassen, den Fisch grob zerteilen, im Napf anrichten und die Pilz-Sahne-Soße darüber löffeln.

- *200 g Schollenfilets*
- *1 EL Zitronensaft*
- *1 Msp. Salz*
- *1 EL Mehl*
- *$\frac{1}{2}$ Zwiebel*
- *50 g Pfifferlinge*
- *einige Zweige glatte Petersilie*
- *1 EL Mehl*
- *1 EL Wasser*
- *2 EL saure Sahne*

Tipp
Wenn Sie kein Fischgeschäft in der Nähe haben, können Sie auch tiefgekühlte Filets verwenden.

Thunfisch im Gemüsebett

(Eine Portion für zwei Katzenleckermäuler)

1. Die Schalotten würfeln, die Knoblauchzehe hacken, die rote und die grüne Paprika putzen und in kurze, schmale Streifen schneiden.

2. Die Tomaten in kochendes Wasser tauchen, am Stielansatz einkerben, enthäuten, entkernen und in Stückchen schneiden.

3. Den Thunfisch salzen, mit Zitronensaft beträufeln und kurze Zeit kühl stellen.

4. Das Öl in einer Pfanne erhitzen und das Gemüse darin andünsten. Den Fisch darauf legen, nach etwa 5 Minuten das Tomatenpüree einrühren und mit der Gemüsebrühe ablöschen. Die Pfanne abdecken und bei mittlerer Hitze etwa weitere 15 Minuten köcheln lassen. Anschließend den Fisch herausnehmen und beiseite stellen.

5. Das Gemüse mit den Haferflocken binden und mit den gehackten Salbei- und Petersilienblättern bestreuen. Etwas abkühlen lassen und in den Napf geben. Den Thunfisch in Stückchen zerteilen und über das Gemüse geben.

- *2 Schalotten*
- *1 Knochlauchzehe*
- *½ rote Paprika*
- *½ grüne Paprika*
- *2 Tomaten*
- *200 g frischer Thunfisch*
- *1 Msp. Salz*
- *1 EL Zitronensaft*
- *2 EL Öl*
- *1 EL Tomatenpüree*
- *100 ml Gemüsebrühe*
- *1–2 EL Haferflocken*
- *2 Salbeiblätter*
- *2 Blätter glatte Petersilie*

Hühnchen im Makrelenmantel

(Eine Portion für zwei Katzenleckermäuler)

- 50g geräucherte Makrelen
- 2 EL Haferflocken
- 1 EL Hefeflocken
- 1 Ei
- 100g Hühnerfleisch
- 1 EL Öl

1. Die Makrelen in eine Schüssel geben. Die Hafer- und die Hefeflocken und das Ei hinzufügen und mit dem Handmixer zu einer streichfähigen Paste verarbeiten.

2. Das Hühnerfleisch in Würfel schneiden und mit der Creme bestreichen. Das Öl in einer Pfanne erhitzen und das Fleisch darin von allen Seiten kräftig anbraten. Anschließend abkühlen lassen, mit einem Petersilienblatt belegen und mit einem Tupfer Tomatenpüree verzieren.

Hasenbraten nach Katzenart

(Eine Portion für zwei Katzenleckermäuler)

- 100g Hasenfilet
- 1 EL Öl
- 3–4 eingeweichte Backpflaumen
- 1 EL Johannisbeergelee
- $\frac{1}{2}$ EL Mehl
- 1 EL Obstessig
- Katzengras oder Petersilie zum Dekorieren

1. Das Hasenfilet in Stücke schneiden. Das Öl in der Pfanne erhitzen, das Fleisch darin von allen Seiten anbraten. Die klein geschnittenen eingeweichten Pflaumen dazugeben, das Johannisbeergelee und das Mehl einrühren und mit dem Obstessig ablöschen. Alles zusammen etwa 15 Minuten köcheln lassen.

2. Leicht abkühlen lassen und in Form eines Hasen auf einem Teller anrichten. Augen, Zähne, Barthaare und Blume aus Katzengras oder Petersilie dekorieren.

Gemüsesuppe mit Rindfleischbissen

(Eine Portion für zwei Katzenleckermäuler)

1. Das Wasser zum Kochen bringen und die Gemüsebrühe ein-rühren. Das Rindfleisch in katzenmaulgerechte Stücke schneiden und in die Brühe geben.

2. Die Möhre putzen und in Scheiben schneiden, die Kartoffel und den Sellerie schälen und würfeln, den Lauch in Ringe schnei-den. Alles in die Brühe geben und zusammen mit dem Fleisch etwa 30–40 Minuten köcheln lassen. Zum Schluss den Essig und die Haferflocken untermischen. Leicht abgekühlt in einen Teller geben und rundherum mit glatten Petersilienzweigen dekorieren.

- *1 TL Gemüsebrühe*
- *$\frac{1}{4}$ l Wasser*
- *150 g Rindfleisch*
- *1 Möhre*
- *1 Kartoffel*
- *1 Stück Sellerie*
- *1 Stück Lauch*
- *1 TL Obstessig*
- *2 EL Haferflocken*

Katzes Geburtstagsbraten

(Eine Portion für zwei Katzenleckermäuler)

- 150 g Rinderfilet
- 1 Msp. Salz
- 1 Msp. Pfeffer
- 1 Scheibe gekochter Schinken
- 1 Scheibe durchwachsener Speck
- 1 EL Butter
- 100 ml Gemüsebrühe
- 2 EL saure Sahne
- 1 Tomate
- 1 Zwiebel
- 1 Möhre
- 1 Stück Sellerie
- 60 g Champignons
- 60 g gekochter Reis

1. Das Rinderfilet mit Salz und Pfeffer würzen. Dann die Fleischscheibe mit dem gekochten Schinken und dem Speck belegen und mit Küchengarn umwickeln.

2. Die Butter in einer Pfanne erhitzen und die Filetscheibe von beiden Seiten anbraten. Die Gemüsebrühe und die saure Sahne dazugeben, die Hitze reduzieren und das Fleisch mit den Tomatenvierteln, den Zwiebelwürfeln, den Möhrenscheiben, dem klein geschnittenen Sellerie und der Zitronenschale in etwa 20 Minuten garen lassen.

3. Das Fleisch und die Zitronenschale herausnehmen. Die Champignonscheiben zu dem Gemüse in die Pfanne geben und kurz ziehen lassen.

4. Das Küchengarn vom Fleisch entfernen und etwas ruhen lassen. Die gekochten Nudeln zu dem Gemüse in die Pfanne geben und vermischen. Anschließend in Miezes Lieblingsnapf anrichten und das in katzenmaulgerechte Bissen zerschnittene Filet darauf verteilen.

Miezenburger für Stubentiger

- *100 g Rindergehacktes*
- *2 EL eingeweichte Haferflocken*
- *1 TL Hefeflocken*
- *1 verquirltes Ei*
- *1 EL Öl*
- *$\frac{1}{2}$ Fleischtomate*
- *einige frische oder eingelegte Gurkenscheiben*
- *1–2 EL Tomatenpüree*
- *etwas Katzengras*

(Eine Portion für zwei Katzenleckermäuler)

1. Das Gehackte mit den eingeweichten Haferflocken, den Hefeflocken und dem aufgeschlagenen Ei vermengen und kleine flache Küchlein formen. Das Öl in einer Pfanne erhitzen, die Küchlein von beiden Seiten braten und anschließend herausnehmen und beiseite stellen.

2. Die Tomatenscheiben vorsichtig in der Pfanne anschmoren, damit sie ganz bleiben. Anschließend eine Scheibe auf einem Teller auslegen, darüber die Gurkenscheiben anrichten und das Fleischküchlein. Auf den Miezenburger zunächst wieder Gurke geben und mit der Tomatenscheibe abdecken. Mit Tomatenpüree eine kleine Maus neben dem Miezenburger dekorieren und aus Katzengras einen kleinen Ball formen.

Tipp
Katzen brauchen Gras als Verdauungshilfe, um die Haare, die sie bei der Fellpflege verschlucken, wieder auswürgen zu können. Im Zoohandel kann man spezielles Katzengras kaufen.

Rindfleischsülze à la Kater Kasimir

(Eine Portion für zwei Katzenleckermäuler)

1. $\frac{1}{2}$ l Wasser zum Kochen bringen, die Gemüsebrühe zugeben. Das Rindfleisch einlegen, die Hitze reduzieren und das Fleisch insgesamt etwa 20 Minuten köcheln lassen.

2. Die Möhre, die Petersilienwurzel und die rote Paprika putzen und würfeln, die Zwiebel klein und die Pilze blättrig schneiden. Alles in die Suppe geben und mitgaren lassen. Zum Schluss noch die Erbsen hinzufügen.

3. Das Fleisch herausnehmen und klein schneiden, das Gemüse mit dem Schöpflöffel in eine Schüssel füllen.

4. Die Brühe aufkochen lassen und das Sülzenpulver einrühren. Das Fleisch und das Gemüse dekorativ in einer Schale anrichten. Die Sülzenbrühe darüber gießen und fest werden lassen.

- *1 TL Gemüsebrühe*
- *100g Rindfleisch*
- *1 Möhre*
- *1 Petersilienwurzel*
- *$\frac{1}{2}$ rote Paprika*
- *1 kleine Zwiebel*
- *30g Champignons*
- *2 EL Erbsen aus der Dose*
- *20g Sülzenpulver*

Tipp
Man kann die Sülze auch auf einen Teller stürzen. Dazu hält man die Schüssel kurz in heißes Wasser, bis sich die Sülze am Rand löst und sich auf eine Platte stürzen lässt.

Katzenbaseballs

(Eine Portion für ein Katzenleckermaul)

- *80 g Reis*
- *1 Möhre*
- *1 Ei*
- *1 TL Öl*
- *100 g Rinderhackfleisch*
- *80 g Haferflocken*

1. Den Reis in wenig Salzwasser bissfest garen und in eine Schüssel geben. Die Möhre putzen und raspeln und mit dem Ei und dem Olivenöl unter den Reis mischen. Zum Schluss das Rinderhackfleisch hinzufügen.

2. Mit feuchten Händen die Zutaten gründlich verkneten und kleine Bällchen formen. Die Haferflocken auf einen Teller schütten und die Kugeln von allen Seiten darin wälzen.

Tipp
Alles Runde verleitet Katzen zum Spielen und es macht ihnen natürlich besonders großen Spaß, wenn die aufregenden Bälle sogar zu fressen sind!

Fleischburger mit Pfiff

(Eine Mahlzeit für zwei Katzenleckermäuler)

- 100 g Rindergehacktes
- 60 g geräucherter Lachs
- 2 Möhren
- $\frac{1}{2}$ Zwiebel
- 1 Ei
- 1 TL Obstessig
- 2 EL Gemüsebrühe
- 2 EL Haferflocken
- 1 EL Öl
- 40 g geriebener Emmentaler

1. Das Rindergehackte mit dem fein geschnittenen Räucherlachs vermengen.

2. Die Möhren und die Zwiebelhälfte reiben und dazugeben, dann das verquirlte Ei, den Obstessig und die Hühnerbrühe. Anschließend zusammen mit den Haferflocken alles gründlich vermengen.

3. Mit feuchten Händen 4 kleine flache Küchlein formen. Das Öl in einer Pfanne erhitzen und die Burger darin von beiden Seiten kurz anbraten.

4. Den geriebenen Käse großzügig auf den Küchlein verteilen. Den Grill im Backofen vorheizen und die Fleischburger so lange im Ofen lassen, bis der Käse verlaufen ist und sich leicht goldbraun färbt.

Tipp
Es muss nicht immer Rinderhack sein. Wenn Ihre Katze Lammfleisch mag, probieren Sie das Rezept doch einfach damit aus.

Feuriges Herz „Viva México"

Eine Portion für zwei Katzenleckermäuler

1. Das Rinderherz in kleine Stücke schneiden oder schnetzeln.

2. Die rote und die grüne Paprika putzen und in schmale Streifen schneiden, die Zwiebel fein würfeln.

3. Das Öl in einer Pfanne erhitzen, das Gemüse unter Rühren darin anbraten. Das Rinderherz dazugeben und alles zusammen langsam durchbraten. Mit Salz und grobem Pfeffer abschmecken und mit Obstessig ablöschen.

4. Anschließend in eine Schüssel füllen und mit dem Mais und dem geraspelten Käse vermischen. Die in feine Ringe geschnittenen grünen und schwarzen Oliven darüber streuen.

- *60 g Rinderleber*
- *$\frac{1}{2}$ rote Paprika*
- *$\frac{1}{2}$ grüne Paprika*
- *1 kleine Zwiebel*
- *1 EL Öl*
- *1 Prise Salz*
- *grober Pfeffer aus der Mühle*
- *1 TL Obstessig*
- *2 EL Gemüsemais aus der Dose*
- *1 EL geraspelter Käse*
- *4 grüne kernlose Oliven*
- *4 schwarze kernlose Oliven*

Tipp
Als Beilage passt eine sahnige, leicht nussartig, aber nicht süß schmeckende Avocadocreme zu pikanten Gerichten. Das Fruchtfleisch mit etwas saurer Sahne, Zitronensaft und Salz mit einer Gabel oder einem Pürierstab cremig rühren.

Zerbrochenes Herz im Napf

(Eine Mahlzeit für vier Katzenleckermäuler)

1. Das Wasser erhitzen und die Gemüsebrühe einrühren. Das Rinderherz und das Schweineherz in maulgerechte Stücke schneiden und in der leicht brodelnden Brühe ein paar Minuten garen lassen. Anschließend herausnehmen und beiseite stellen.

2. Die Brühe wieder aufkochen. Die Tomate in die heiße Flüssigkeit tauchen, herausnehmen, am Stielansatz einkerben und die Haut abziehen. Die Tomate entkernen und klein hacken. Die Möhre putzen und reiben, die Gurke schälen und raspeln.

3. Die Haferflocken in etwas Brühe einweichen, die Scheibe Schinkenspeck in Würfel schneiden.

4. Das gekochte Herz in eine Schüssel geben, die Tomatenstückchen, die Möhren- und Gurkenraspeln, die Haferflocken und den Schinkenspeck dazugeben und alles gründlich vermischen. Mit einer Gabel grob zerdrücken.

5. In einem Napf anrichten, mit dem Parmesankäse bestreuen und mit der gehackten Kräutermischung aus Petersilie, Schnittlauch und Basilikum verzieren.

- $\frac{1}{2}$ l Wasser
- 1 EL Gemüsebrühe
- 100 g Rinderherz
- 100 g Schweineherz
- 1 mittelgroße Tomate
- 1 Möhre
- 1 Stück Gurke
- 3 EL Haferflocken
- 1 dickere Scheibe Schinkenspeck
- 1 EL geriebener Parmesankäse
- etwas Petersilie, Schnittlauch und Basilikum

Tipp
Geben Sie in die kräftige Herzbrühe klein geschnittenes Lieblingsgemüse, kochen Sie die Flüssigkeit auf und rühren etwa 10 g Sülzenpulver ein. Die Sülze fest werden lassen, in Würfel schneiden und als Beilage oder Nascherei zwischendurch servieren.

Kaltes Herz in Aspik

- 300 g Rinderherz
- 1 Möhre
- 1 Petersilienwurzel
- 1 Stück Sellerie
- ½ rote Paprika
- 1 Kartoffel
- 1 Stück Zucchini
- 1 l Wasser
- 2 EL Gemüsebrühe
- 40 g Reis
- 40 g Aspikpulver

(Eine Mahlzeit für vier Katzenleckermäuler)

1. Das Rinderherz klein schneiden oder schnetzeln. Die Möhre und die Petersilienwurzel putzen und in Scheiben schneiden, Den Sellerie, die rote Paprika, die Kartoffel und die Zucchini würfeln.

2. Das Wasser zum Kochen bringen und die Gemüsebrühe einstreuen. Alle Zutaten in die Brühe geben, den Reis hinzufügen und bei mittlerer Hitze etwa 20 Minuten garen.

3. Die Flüssigkeit durch ein Sieb abgießen, das Fleisch und das Gemüse in einer herzförmigen Form anrichten.

4. Die Brühe aufkochen, das Aspikpulver einrühren und die Masse leicht abkühlen lassen. In die Form gießen und zum Festwerden einige Stunden beiseite stellen.

Tipp
Man kann das Gericht auch als „heißes Herz" in den Napf bringen, wenn man die Zutaten in der gehaltvollen Brühe serviert. Dann sollte man zum Andicken aber noch Haferflocken unterrühren.

Leberleckerlis mit Kartoffelschnee

- 100g Kalbsleber
- 3 EL eingeweichte Haferflocken
- 1 EL gehackte Petersilie
- 1 Ei
- 4 Pellkartoffeln
- 1 Prise Salz
- 1 EL Butter
- $\frac{1}{8}$ l Milch
- $\frac{1}{2}$ l Wasser
- 1 EL Gemüsebrühe
- glatte Petersilie zum Verzieren

Tipp
Wenn Ihre Katze auf Kartoffelgerichte aller Art keinen Heißhunger verspürt, versuchen Sie es doch einmal mit Reis.

(Eine Portion für vier Katzenleckermäuler)

1. Die rohe Kalbsleber fein hacken, mit den eingeweichten Haferflocken, der gehackten Petersilie und dem Ei gründlich vermischen. Mit feuchten Händen kleine Bällchen formen, kühl stellen und antrocknen lassen.

2. In der Zwischenzeit die Pellkartoffeln kochen, schälen, salzen, mit etwas Butter durchdrücken und mit heißer Milch cremig aufschlagen.

3. Das Wasser zum Kochen bringen und die Gemüsebrühe einstreuen und die Temperatur reduzieren. Die Leberknödel in der leicht köchelnden Flüssigkeit gar ziehen lassen, herausnehmen und leicht abkühlen lassen.

4. Von dem Kartoffelschnee kleine Häufchen auf einen Teller setzen und jeweils ein Leberleckerli darauf setzen. Mit Petersilienblättern dekorieren.

Hühnerleber, Zwiebel & Co.

(Eine Portion für zwei Katzenleckermäuler)

1. Die Hühnerleber klein schneiden und die Zwiebel in dünne Ringe. Den Apfel entkernen und in Spalten aufteilen.

2. Das Öl in der Pfanne erhitzen und die Leber mit den Zwiebelringen langsam darin anbraten. Zum Schluss die Apfelspalten dazugeben und kurz mitgaren.

3. Den Bratensatz mit dem Obstessig ablöschen, den Honig dazugeben, gründlich vermischen und etwas abkühlen lassen. Anschließend mit dem Naturjoghurt verfeinern.

4. Die Leber mit den Zwiebelringen und den Apfelspalten dekorativ auf einem Teller anrichten und mit Tupfern von rotem Johannisbeergelee verzieren.

- *100 g Hühnerleber*
- *1 kleine Zwiebel*
- *1 kleiner süßer Apfel*
- *1 EL Öl*
- *1 EL Obstessig*
- *1 Msp. Honig*
- *2 EL Naturjoghurt*
- *rotes Johannisbeergelee zum Verzieren*

Rotes Herz
à la Mieze Minka

(Eine Portion für zwei Katzenleckermäuler)

1. Das Rinderherz fein schnetzeln. Die Möhre und die Zucchini putzen und grob raspeln, die gekochten Rote-Bete-Scheiben und die Tomate würfeln.

2. Das Öl in der Pfanne erhitzen, das klein geschnittene Herz von allen Seiten anbraten, das Gemüse dazugeben und alles zusammen einige Minuten schmoren lassen.

3. Mit dem Rote-Bete-Saft und dem Obstessig ablöschen, etwas abkühlen lassen und zum Verfeinern etwas saure Sahne unterrühren.

4. Auf einem weißen Teller drei rote Herzen anrichten, mit Katzengras oder frischen Kräutern garnieren.

- *60 g Rinderherz*
- *1 kleine Möhre*
- *1 Stück Zucchini*
- *4 Scheiben Rote Bete*
- *$\frac{1}{2}$ Tomate*
- *1 EL Obstessig*
- *1 TL saure Sahne*
- *Katzengras oder frische Kräuter zum Garnieren*

Tipp
Wenn Ihre Katze lieber Niere mag, lässt sich das Rezept problemlos abändern. Der einzige Unterschied: Die Niere sollte vor der Zubereitung einige Stunden in Milch eingelegt werden.

Kutteln für die Katze

(Eine Portion für zwei Katzenleckermäuler)

- 60 g gekochte Kutteln
- 30 g durchwachsener Speck
- ½ Zwiebel
- 1 EL Butter
- ein paar Rosmarinnadeln
- ⅛ l Gemüsebrühe
- 2–3 EL Haferflocken
- 2 EL geriebener Parmesankäse

1. Die gekochten Kutteln in Streifen schneiden. Die Zwiebel und den Speck würfeln.

2. Die Butter in einem Topf erhitzen, den Speck und die Zwiebel würfen und unter Rühren darin anschwitzen.

3. Die Kuttelstreifen und den Rosmarin dazugeben und mit der Gemüsebrühe aufgießen. Alles zusammen bei geschlossenem Topf und bei geringer Temperatur etwa 30 Minuten köcheln lassen.

4. Die Kutteln herausnehmen, die Flüssigkeit etwas einkochen und mit Haferflocken andicken.

5. Die Kutteln in den Napf geben und darüber die gebundene Brühe. Mit reichlich geriebenem Parmesan bestreuen.

Tipp
Vor der Zubereitung die Kutteln blanchieren, damit sie schön weiß werden, und anschließend in Streifen oder Stücke schneiden.

Fliegenpilz-Herzen

(Eine Portion für zwei Katzenleckermäuler)

1. Das Wasser zum Kochen bringen und die Gemüsebrühe einstreuen. Die Hühnerherzen im Ganzen oder klein geschnitten in die Flüssigkeit geben und einige Minuten garen lassen. Anschließend herausnehmen und beiseite stellen.

2. Das Tomatenpüree in die Brühe rühren, die gehackte Petersilie unterziehen.

3. Die Hühnerherzen in einem Napf anrichten, die Tomatensuppe darüber gießen. Mit einem kleinen Löffel Saure-Sahne-Flöckchen abstechen und als weiße „Fliegenpilz-Punkte" auf der roten Suppe verteilen.

- $\frac{1}{4}$ l Wasser
- 1 TL Gemüsebrühe
- 100 g Hühnerherzen
- 3 EL Tomatenpüree
- 1 EL gehackte Petersilie
- 30 g saure Sahne

Tatar-Katzenüberraschung

(Eine Portion für zwei Katzenleckermäuler)

1. Das Tatar mit den Zutaten vermischen. Aus dem gekochten Reis und den eingeweichten Haferflocken mit feuchten Händen flache Küchlein formen. Darauf das Tatar geben.

2. Auf einem Teller anrichten und dekorieren, zum Beispiel mit Mais und Oliven, mit Sardellenfilet und Kapern, mit Schnittlauchröllchen und Zwiebelstückchen, mit geraspeltem Käse und Petersilie.

- 60 g Tatar
- Salz und Pfeffer
- $\frac{1}{2}$ gewürfelte Zwiebel
- 60 g gekochter Reis
- 60 g eingeweichte Haferflocken
- Gemüsemais, Oliven, Sardellenfilet, Kapern, Schnittlauchröllchen, geraspelter Käse und Petersilie zum Dekorieren

Katzenroulade
Miau Miau

(Eine Portion für vier Katzenleckermäuler)

1, Die Rinderroulade ausbreiten. Das Tomatenpüree mit einer Messerspitze Senf vermischen und die Roulade damit bestreichen. Eine Scheibe durchwachsenen Speck auf das Fleisch legen.

2. Die Champignons putzen und in Scheiben schneiden, die Zwiebel sehr fein würfeln. Die Butter in der Pfanne erhitzen, die Champignons und die Zwiebel darin goldgelb anschwitzen, mit einer Prise Salz und Pfeffer würzen. Mit dem Obstessig ablöschen und die Petersilie unterrühren. Abkühlen lassen.

3. Die Füllung auf der Roulade verteilen und diese anschließend aufrollen. Mit Küchengarn wie ein Päckchen in fingerbreiten Abständen binden, die Enden verknoten.

4. Das Öl in einem Topf erhitzen, die Rouladen rundherum anbraten und herausnehmen.

5. Für die Soße die gewürfelte Möhre und die Zwiebel in Butter anschwitzen, das Tomatenpüree und die Gemüsebrühe dazugeben. Kurz aufkochen lassen und etwas einreduzieren. Dann die Roulade einlegen und im geschlossenen Topf bei mittlerer Hitze etwa 30 Minuten garen lassen.

6. Den Faden entfernen, die Roulade in Scheiben schneiden und mit der mit eingeweichten Haferflocken angedickten Soße servieren.

- ca. 200g Rinderroulade
- 1 EL Tomatenpüree
- 1 Msp. Senf
- 1 Scheibe durchwachsener Speck
- 30g Champignons
- 1 kleine Zwiebel
- 1 EL Butter
- 1 Prise Salz und Pfeffer
- 1 EL Obstessig
- 1 EL gehackte Petersilie
- Küchengarn
- 2 EL Öl
- 1 EL Butter
- 40g gewürfelte Möhren
- 30g Zwiebelwürfel
- 1–2 EL Tomatenpüree
- $\frac{1}{8}$ l Gemüsebrühe
- 3 EL eingeweichte Haferflocken

Eintopf „Hungrige Katze"

(Eine Portion für vier Katzenleckermäuler)

- 400g Rindfleisch
- 1 Bund Suppengrün
- 150g Muschelnudeln
- 3 Möhren
- 40g Erbsen
- 100g grüne Bohnen
- Schnittlauch und Petersilie

1. Das Rindfleisch mit dem Suppengrün in kochendes Wasser geben und etwa 90 Minuten bei geringer Hitze köcheln lassen.

2. Dann das Suppengemüse herausnehmen und die Nudeln hinzufügen. Nach weiteren 20 Minuten die in Würfel geschnittenen Möhren, die Erbsen und die Bohnen in die Suppe geben. Alles zusammen etwa noch eine Stunde ziehen lassen.

3. Das Rindfleisch herausnehmen und in katzenmaulgerechte Bissen schneiden, das weiche Suppengrün ebenfalls zerteilen.

4. Etwas Flüssigkeit und reichlich Nudeln und Gemüse in den Napf füllen. Darüber das Fleisch geben und obendrauf das Suppengemüse. Mit gehackten Kräutern, zum Beispiel Schnittlauch und Petersilie, bestreuen.

Risotto Rote Rüben

(Eine Portion für zwei Katzenleckermäuler)

1. Die rote Rübe oder Rote Bete schälen, in Würfel schneiden und in wenig Salzwasser garen. Den Brokkoli in kleine Röschen teilen, die Tomate enthäuten, entkernen und klein hacken.

2. Den gekochten Schinken oder das Hühnerfleisch katzenmaulgerecht zerteilen und beiseite stellen. Das Wasser zum Kochen bringen und die Gemüsebrühe einrühren.

3. Das Öl in einer Pfanne erhitzen, den Reis darin anschwitzen und mit etwas Gemüsebrühe ablöschen. Kräftig rühren, erneut Brühe angießen und unterrühren. Den Vorgang wiederholen, bis die gesamte Brühe aufgesogen und der Reis cremig ist. Danach den Brokkoli und die Tomate zugeben und noch einige Minuten köcheln.

4. Anschließend leicht abkühlen lassen, die Rote-Bete-Würfel und das klein geschnittene Fleisch untermischen. In einen Napf geben und mit etwas Katzengras oder Petersilienblättern dekorieren.

- *1 rote Rübe*
- *30g Brokkoli*
- *1 kleine Tomate*
- *80g gekochter Schinken oder gekochtes Gefügelfleisch*
- *$\frac{1}{8}$l Wasser*
- *1 Msp. Gemüsebrühe*
- *1 EL Öl*
- *60g Reis*
- *Katzengras oder glatte Petersilie*

Tipp
Da das Kochen der roten Rübe fast eine Stunde dauert, nimmt man am besten den Dampftopf. Man kann übrigens auch in vielen Supermärkten fertig vorbereitete gegarte und eingeschweißte Rote Bete kaufen.

Paella „Viva España"

- 1 Zwiebel
- 1 rote Paprika
- 1 grüne Paprika
- 3–4 EL Öl
- 60 g Reis
- 2 EL Tomatenpüree
- 1 Prise Salz
- Pfeffer
- 1 Msp. Safran
- $\frac{1}{4}$ l Hühnerbrühe
- 2 EL Öl
- 100 g Kaninchenfleisch
- 150 g Hühnerfleisch
- 60 g Erbsen
- 6 gekochte Krevetten
- 4 grüne kernlose Oliven
- 4 schwarze kernlose Oliven

(Eine Portion für vier Katzenleckermäuler)

1. Die Zwiebel würfeln, die rote und grüne Paprika in dünne Streifen schneiden.

2. Das Öl in einer Pfanne erhitzen, die Zwiebel und die Paprika darin anschmoren, den Reis und das Tomatenpüree unterrühren und mit Salz, Pfeffer und einer Messerspitze Safran abschmecken. Anschließend mit der Hühnerbrühe aufgießen. Insgesamt 20 Minuten köcheln lassen, bis der Reis gar ist.

3. In einem Topf Öl erhitzen und das klein geschnittene Kaninchenfleisch darin unter ständigem Wenden bei geringer Hitze in etwa 15 Minuten garen.

4. Das gekochte Hühnerfleisch ebenfalls bissengerecht zerteilen und mit den Erbsen und dem Kaninchenfleisch unter den Reis mischen. Alles zusammen noch ein paar Minuten bei geringer Hitze ziehen lassen.

5. Etwas abgekühlt auf einen Teller geben, die ausgepulten Krevetten und die in Scheiben geschnittenen Oliven darauf verteilen.

Hühnerbrust natur

(Eine Portion für zwei Katzenleckermäuler)

- 60 g Reis

- 2 EL Öl

- 300 g Hühnerbrust (etwa 100 g für die Bällchen reservieren)

- 1 TL Obstessig

- 1–2 EL Gemüsebrühe

- 1 EL Hefeflocken

- 60 g Erbsen-Möhren-Gemüse aus der Dose

1. Das Salzwasser zum Kochen bringen, den Reis einstreuen und langsam garen und ausquellen lassen.

2. Das Öl in einer Pfanne erhitzen und die Hühnerbrust darin von beiden Seiten vorsichtig anbraten. Die Temperatur reduzieren, mit dem Obstessig und der Brühe ablöschen und bei geschlossenem Deckel etwa 30 Minuten köcheln lassen.

3. Anschließend das Fleisch herausnehmen und beiseite stellen. Die Hefeflocken in die Füssigkeit rühren.

4. Das Erbsen-Möhren-Gemüse erwärmen und anschließend mit dem Reis vermischen. Das Fleisch in katzenmaulgerechte Bissen schneiden und mit der Reis-Gemüse-Mischung servieren. Zum Schluss alles mit der Bratflüssigeit beträufeln.

Hühnerbällchen Kikeriki

(Eine Portion für zwei Katzenleckermäuler)

- 60 g eingeweichte Haferflocken

- 1 Ei

- 1 TL Öl

- 2 EL gehackte Petersilie

1. Die eingeweichten Haferflocken mit dem Ei, dem Öl und fein gehacktem gedünstetem Hühnerfleisch gründlich vermengen.

2. Mit feuchten Händen kleine Bällchen formen und in der gehackten Petersilie wälzen.

Katzenschmaus provençal

(Eine Portion für vier Katzenleckermäuler)

1. Das Rindfleisch falls nötig von Sehnen befreien und in katzenmaulgerechte Bissen schneiden.

2. Die Zwiebel abziehen und hacken. Die Knoblauchzehen abziehen und zerdrücken. Die Tomaten entkernen und in Spalten schneiden, die rote und die grüne Paprika putzen, entkernen und in Ringe schneiden. Die Zucchini und die Aubergine in dünne Scheiben teilen.

3. Das Öl in einem Topf erhitzen und die Zwiebel und den Knoblauch darin anbraten. Dann die Tomaten und nach und nach das restliche Gemüse zugeben. Mit etwas Tomatensaft ablöschen und mit Kräutern der Provence würzen.

4. In einer Pfanne wenig Öl heiß werden lassen und das Fleisch darin von allen Seiten unter kräftigem Rühren braun anbraten.

5. Das Fleisch zu dem Ratatouille in den Topf geben und bei geringer Hitze etwa 20 Minuten köcheln lassen. Zum Schluss falls nötig die Gemüseflüssigkeit mit Haferflocken andicken.

6. Leicht abgekühlt im Katzennapf servieren und mit frischen gehackten Kräutern bestreuen.

- *200 g Rindfleisch*
- *1 Zwiebel*
- *2 Knoblauchzehen*
- *1 Fleischtomate*
- *1 rote Paprika*
- *1 grüne Paprika*
- *1 kleine Zucchini*
- *1 Stück Aubergine*
- *2 EL Öl*
- *$\frac{1}{8}$ l Tomatensaft*
- *1 TL Kräuter der Provence*
- *1 EL Öl*
- *evtl. Haferflocken zum Andicken*
- *frische Kräuter, z. B. Rosmarin, Thymian, Basilikum, Petersilie*

Tipp
Wenn Sie dieses Gericht zu Ostern auf den „Katzentisch" bringen wollen, können Sie statt Rindfleisch auch Lammfleisch verwenden.

Hühnchen im Nest

(Eine Portion für zwei Katzenleckermäuler)

1. Das Hühnerfleisch, zum Beispiel ein ausgelöstes Brustfilet, schnetzeln. Den durchwachsenen Speck in Würfel schneiden.

2. Die Zwiebel fein hacken, die Pilze putzen und klein schneiden.

3. Das Salzwasser zum Kochen bringen und den Reis einstreuen. Aufkochen lassen, die Hitze reduzieren und den Reis in etwa 20 Minuten ausquellen lassen.

4. Den durchwachsenen Speck mit etwas Butter in der Pfanne erhitzen. Den Speck glasig werden lassen und dann die Zwiebeln darin andünsten. Das Fleisch dazugeben und unter Rühren anbraten. Dann die Pilze untermischen und mit dem Obstessig ablöschen.

5. Die Hitze reduzieren, die Gemüsebrühe angießen und etwa 20 Minuten köcheln lassen. Etwas abkühlen lassen und mit der sauren Sahne verfeinern.

6. Aus dem gekochten Reis kleine Nester formen, auf einen Teller setzen und mit dem geschnetzelten Hühnerfleisch füllen. Jedes Nest mit einem Petersiliensträußchen verzieren.

- *200 g Hühnerbrust*
- *1 dickere Scheibe durchwachsener Speck*
- *1 Zwiebel*
- *60 g braune Champignons*
- *100 g Reis*
- *1 TL Butter*
- *1 EL Obstessig*
- *2 EL Gemüsebrühe*
- *2 EL saure Sahne*
- *glatte Petersilie zur Dekoration*

Tipp

Wenn Ihre Katze ein Feinschmecker ist, bereiten Sie das Gericht mit Steinpilzen zu, die dem Ganzen erst den letzten Pfiff geben.

Feinschmeckerente für feine Katzenzungen

(Eine Portion für zwei Katzenleckermäuler)

- *200 g Entenbrust*
- *1 Msp. Salz*
- *1 Msp. Pfeffer*
- *1–2 EL Butter*
- *50 ml Gemüsebrühe*
- *abgeriebene Zitronenschale*
- *1 Apfel*
- *1 Stich Butter*
- *1 EL Wasser*
- *1 EL Rosinen*

1. Die Entenbrust enthäuten, salzen und pfeffern. Die Butter in einer Pfanne erhitzen und die Brust von beiden Seiten etwa 6 Minuten anbraten. Aus der Pfanne nehmen und im schwach geheizten Backofen zugedeckt warm stellen.

2. Den Bratsatz mit etwas Gemüsebrühe lösen und dann einkochen lassen. Mit etwas abgeriebener Schale einer unbehandelten Orange aromatisieren.

3. Den Apfel schälen, in Spalten schneiden und das Kerngehäuse entfernen. Die Butter in einer kleinen Pfanne auslassen, die Apfelstücke darin vorsichtig anbraten, etwas Wasser dazugeben und in etwa 4 bis 5 Minuten gar dünsten lassen. Zum Schluss Rosinen dazugeben.

4. Die Entenbrust in der eingekochten Soße durchwärmen lassen. In dünne Scheiben schneiden, mit der Soße beträufeln und mit den Apfelspalten auf einem Teller servieren.

Gefülltes Hühnerbrüstchen Katzentraum

(Eine Portion für zwei Katzenleckermäuler)

1. Eine Tasche in das Hühnerbrüstchen schneiden, mit Salz und Pfeffer würzen und mit Zitronensaft beträufeln.

2. Die frischen Steinpilze putzen und in Scheiben schneiden, die getrockneten Pilze eine knappe Stunde in warmem Wasser einweichen und anschließend ausdrücken. Die Schalotte in feine Würfel schneiden, die Petersilie und den Kerbel kochen.

3. Die Butter in einer Pfanne erhitzen, die frischen oder eingeweichten Pilze mit der Zwiebel und den Kräutern darin kurz andünsten.

4. Die Füllung in die eingeschnittene Tasche stopfen und diese mit einem Zahnstocher verschließen. Das Öl in einer Pfanne erhitzen und das Hühnerbrüstchen darin von allen Seiten kräftig anbraten. Mit der Gemüsebrühe ablöschen und etwa 15 bis 20 Minuten bei reduzierter Hitze köcheln lassen. Das Fleisch herausnehmen und ruhen lassen.

5. Die saure Sahne in die Bratflüssigkeit rühren und einreduzieren lassen. Die Soße mit den gekochten Nudeln vermischen. Leicht abgekühlt in den Napf geben. Den Zahnstocher entfernen, das Hühnerbrüstchen in Scheiben schneiden und auf dem Reis anrichten.

- 200 g Hühnerbrüstchen
- 1 Msp. Salz
- 1 Msp. Pfeffer
- 1 TL Zitronensaft
- 3 frische oder 10 g getrocknete Steinpilze
- 1 Schalotte
- Petersilien- und Kerbelzweige
- 1 TL Butter
- 1 EL Öl
- 50 ml Gemüsebrühe
- 1 EL saure Sahne
- 60 g gekochter Reis

Falscher Hase Grüne Wiese

- 150g Hackfleisch
- 1 Ei
- 1 gehackte Zwiebel
- 1 gehackte Sardelle
- 1 eingeweichtes Brötchen
- 2 EL Haferflocken
- Salz und Pfeffer
- 1 EL Semmelbrösel
- 1 EL gehackte Kräuter (Schnittlauch, Petersilie)
- Gurken- und Tomatenscheiben zur Dekoration

(Eine Portion für zwei Katzenleckermäuler)

1. Das Hackfleisch mit dem Ei, den gehackten Zwiebeln und Sardellen, dem eingeweichten Brötchen und den Haferflocken, einer Prise Salz und Pfeffer gut verkneten.

2. Den Fleischteig zu einem länglichen Laib formen, in Semmelbröseln und den gehackten Kräutern wenden. Den Laib in eine feuerfeste, eingefettete Form geben und in den vorgeheizten Backofen stellen.

3. Etwa 60 Minuten bei etwa 200 °C garen. Anschließend aus der Form nehmen, abkühlen lassen und in Scheiben schneiden. Mit Gurken- und Tomatenscheibenscheiben dekorieren.

Leberbällchen Tatzenschlag

- 150g Rinderleber
- 1 EL Butter
- 5 EL Haferflocken
- 1 TL Öl
- 1 EL geriebene Möhre
- 1 EL Haferflocken
- 1 EL gehackter Schnittlauch

(Eine Portion für zwei Katzenleckermäuler)

1. Die Rinderleber in der Butter braten, in Streifen schneiden und im Mixer hacken. Die Haferflocken, das Öl und die geriebene Karotte hinzufügen und gut durchkneten.

2. Kleine Bällchen formen und in den Haferflocken und dem Schnittlauch wälzen.

Hasenfilet Flinker Flitzer

(Eine Portion für zwei Katzenleckermäuler)

1. Den Speck in Streifen und in Scheiben schneiden. Das Filet mit den Streifen spicken, leicht salzen und pfeffern und mit den Speckscheiben umwickeln.

2. Das Filet in den Speckscheiben in einer Pfanne von allen Seiten goldbraun anbraten, herausnehmen und warm stellen.

3. Die Nudeln in Salzwasser bissfest garen. Den Bratensatz mit dem Obstessig und der Fleischbrühe angießen, kurz aufkochen und etwas einreduzieren lassen. Mit der sauren Sahne verfeinern.

4. Das Filet in katzenmaulgerechte Bissen schneiden. Die Nudeln mit der Soße vermischen und mit dem Fleisch anrichten. Mit frischer geriebener Möhre und gehackter Petersilie bestreuen.

- *2 Scheiben Speck*
- *1 Hasenfilet*
- *Salz und Pfeffer*
- *60g Nudeln*
- *1 TL Obstessig*
- *2–3 EL Gemüsebrühe*
- *1 EL saure Sahne*
- *1 EL geriebene Möhre*
- *1 EL gehackte Petersilie*

Katzenkugeln Dicke Pute

(Eine Portion für zwei Katzenleckermäuler)

1. Das Putenschnitzel in Butter braten, in feine Streifen schneiden und im Mixer zerkleinern.

2. Das gehackte Fleisch mit dem Ei und dem Reis gut verkneten und mit feuchten Händen Kugeln formen. Zum Schluss in den Haferflocken wälzen.

- *100g Putenschnitzel*
- *1 EL Butter*
- *1 Ei*
- *40g gekochter Reis*
- *1 EL Haferflocken*

Hühnerbrust Zarte Zunge

(Eine Portion für zwei Katzenleckermäuler)

- 100 g Hühnerbrust
- 1 Msp. 3-Algen-Pulver
- 1 TL Entenschmalz

1. Das Hühnerbrüstchen mit 3-Algen-Pulver bestreuen, Das Enten-schmalz in einer Pfanne für fettfreies Garen erhitzen, das Fleisch darin vorsichtig garen, damit es nicht austrocknet.

2. Das gegarte Fleisch anschließend in Bratfolie einwickeln und etwa 10 Minuten ruhen lassen, damit sich der Saft sammeln kann. Dann in kleine Würfel schneiden und entweder natur oder mit frischem Gemüse vermischt servieren.

Tipp
Wenn Sie kein Entenschmalz im Haus haben, können Sie natürlich auch Öl, Butter oder Margarine zum Anbraten nehmen.

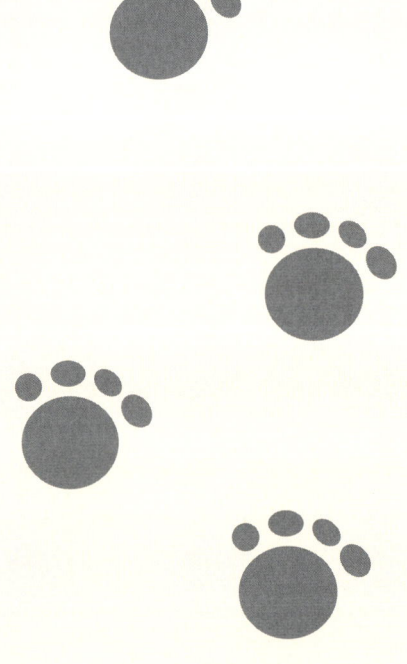

Zuckererbsen
Süße Schnauze

(Eine Portion für ein Katzenleckermaul)

1. Das Öl in einer Pfanne erhitzen und die Zuckerschoten darin anbraten. Mit dem Obstessig und der Sojasoße ablöschen, öfter umrühren und etwa 10 Minuten köcheln lassen.

2. Das Salzwasser zum Kochen bringen, den Reis einstreuen, kurz aufkochen lassen und bei reduzierter Hitze garen und aufquellen lassen.

3. Die Schoten klein schneiden und mit dem Reis und den Hefeflocken vermischt servieren.

- *1 TL Öl*
- *40 g Zuckererbsen*
- *1 TL Obstessig*
- *1 TL Sojasoße*
- *40 g Reis*

Perlhuhnbrüstchen à la crème für die Gourmetkatze

(Eine Portion für zwei Katzenleckermäuler)

- 1 Perlhuhnbrüstchen
- 1 EL Butter
- 1 TL Flüssigsahne (15 %)
- 7–8 Algenflöckchen

1. Das Perlhuhnbrüstchen mit der Hautseite vorsichtig in Butter anbraten, etwa 4 Minuten lang bei niedriger Temperatur. Das Fleisch umdrehen, 1 Minute lang auf der anderen Seite braten und dann zum Nachgaren einige Minuten in den auf 100 °C vorgeheizten Backofen stellen.

2. Die Haut mit Küchenkrepp abziehen und in Würfel schneiden. Mit etwas Flüssigsahne und den in heißem Wasser eingeweichten Algenflöckchen vermischen.

Spargel in Sahnereis

(Eine Portion für zwei Katzenleckermäuler)

- 60 g Reis
- 6 Spargelspitzen
- 1 Stich Butter
- 1 Prise Salz
- 1 Prise Zucker

1. Den Reis in kochendes Salzwasser einstreuen, aufkochen lassen, die Hitze reduzieren und bei niedriger Temperatur garen und ausquellen lassen.

2. Das Wasser zum Kochen bringen, einen Stich Butter, eine Prise Salz und Zucker zugeben. Die Spargelspitzen in dem heißen Wasser etwa 5 Minuten ziehen lassen, nicht kochen.

3. Den Reis vorsichtig mit den Spargelspitzen vermischen und abgeschmeckt mit der Sahne servieren.

Fischige Knusperhappen

(Eine Portion für zwei Katzenleckermäuler)

- *200 g frisches Makrelenfilet*
- *1 Ei*
- *50 g Haferflocken*
- *1 TL Öl*
- *1 EL geriebener Parmesankäse*
- *1 EL gehackte Petersilie*

1. Das frische Makrelenfilet in dem aufgeschlagenen Ei wälzen. Die Haferflocken in ein Schälchen geben und den Fisch darin wenden.

2. Das Öl in der Pfanne erhitzen und den Fisch darin kurz von beiden Seiten kräftig anbraten. Die Hitze zurückschalten und bei mittlerer Temperatur von beiden Seiten etwa 15 Minuten garen lassen.

3. Den Fisch anschließend abkühlen lassen und in katzenmaulgerechte Bissen zerteilen. Geriebenen Käse und gehackte Petersilie vermischen und über die knusprigen Happen streuen.

Tipp
Katzen mögen auch Brotkrumen. Deshalb werden sie die Bissen auch nicht liegen lassen, wenn Sie statt Haferflocken Paniermehl nehmen.

Sardinenragout Frische Brise

(Eine Portion für zwei Katzenleckermäuler)

1. Eine kleine Möhre putzen, in Scheiben schneiden und in etwas Salzwasser garen. Das Wasser abgießen und die Möhrenscheiben etwas abkühlen lassen.

2. Die Ölsardinen klein schneiden. Die Sardinenstückchen mit den Möhrenscheiben, den Hefeflocken und dem Obstessig vermischen. Auf einem Teller anrichten und mit einem Saure-Sahne-Klecks und glatten Petersilienblättchen dekorieren.

- *1 Möhre*
- *2 Ölsardinen*
- *$\frac{1}{2}$ EL Hefeflocken*
- *1 TL Obstessig*
- *1 TL saure Sahne*
- *glatte Petersilienblättchen*

Speckiges Käseomelett Katzenglück

(Eine Portion für ein Katzenleckermaul)

1. Das Ei mit der Katzenmilch verquirlen. Das Öl in einer Pfanne erhitzen. Die Eimasse langsam einlaufen lassen, darauf achten, dass sie nicht anbrät.

2. Den geraspelten Käse und die Schinkenspeckwürfel in die Mitte geben. Wenn die Masse gestockt ist, vorsichtig zusammenklappen und wenden. Von beiden Seiten goldgelb werden lassen.

3. Anschließend leicht abkühlen lassen, in katzenmaulgerechte Bissen schneiden und mit frischen gehackten Kräutern, zum Beispiel Schnittlauch und Petersilie, bestreuen.

- *1 Ei*
- *3 EL Katzenmilch*
- *1 TL Öl*
- *1 EL geraspelter Bergkäse*
- *1 EL gewürfelter Schinkenspeck*
- *1 EL Schnittlauchringe*
- *1 EL gehackte Petersilie*

Kater Karls Käsekugeln

- 200 g geraspelter Emmentaler oder Bergkäse
- 50 g Joghurt
- 80 g gekochter Reis oder
  Haferflocken
- 50 g Diätmargarine
- 2 EL geriebene Haselnüsse
  oder Kokosraspeln

(Eine Portion für zwei Katzenleckermäuler)

1. Den grob geraspelten Emmentaler mit dem Joghurt, den Haferflocken oder dem Reis und der Diätmargarine gut vermischen.

2. Die Masse zu kleinen Kugeln rollen. Die geriebenen Haselnüsse
oder Kokosraspeln in ein Schälchen geben und die Kugeln darin
wenden.

Eierflöckchen Bunte Kräutermischung

- 2 Eier
- 2 EL Wasser
- 2 EL Katzenmilch
- 1 EL gehackte Petersilie
- 1 EL Dill
- 2 TL Öl
- ein paar Tropfen Sojasoße
- 1–2 TL Tomatenpüree

(Eine Portion für zwei Katzenleckermäuler)

1. Die Eier mit dem Wasser und der Milch verquirlen, die Kräutermischung unterrühren.

2. Das Öl in der Pfanne erhitzen und die Masse langsam einlaufen
lassen. Mit einem Holzlöffel rühren und die sich bildenden Flöck-
chen in der Pfannenmitte so lange zusammenschieben, bis die
gesamte Flüssigkeit gestockt ist.

3. Das flockige Rührei leicht abkühlen lassen und mit ein paar
Tropfen Sojasoße beträufelt und etwas Tomatenpüree dekoriert
servieren.

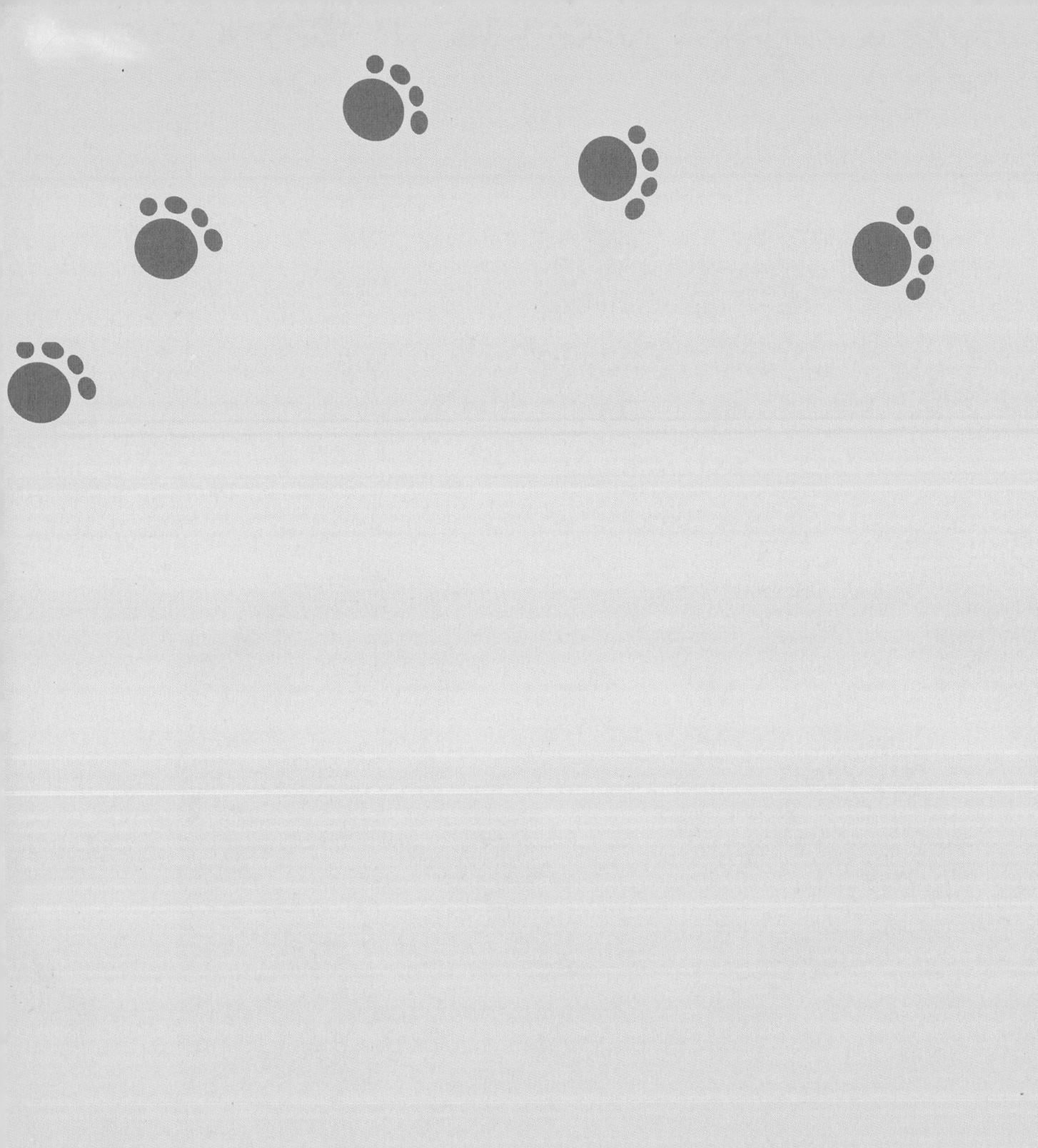